Scoprire i Giochi Gratuiti Online

Disponibile Qui:

**BestActivityBooks.com/FREEGAMES**

# 5 CONSIGLI PER INIZIARE

## 1) COME RISOLVERE LE PAROLE INTRECCIATTE

I puzzle hanno un formato classico:

- Le parole sono nascoste senza spazi o trattini,...
- Orientamento: Le parole possono essere scritte in avanti, indietro, verso l'alto, verso il basso o in diagonale (possono essere invertite).
- Le parole possono sovrapporsi o intersecarsi.

## 2) APPRENDIMENTO ATTIVO

Accanto ad ogni parola c'è uno spazio per scrivere la traduzione. Per incoraggiare l'apprendimento attivo, un **DIZIONARIO** alla fine di questa edizione vi permetterà di controllare e ampliare le vostre conoscenze. Cerca e scrivi le traduzioni, trovale nel puzzle e aggiungile al tuo vocabolario!

## 3) SEGNARE LE PAROLE

Puoi inventare il tuo sistema di segni. Forse ne usi già uno? Per esempio, puoi segnare le parole difficili da trovare con una croce, le parole preferite con una stella, le parole nuove con un triangolo, le parole rare con un diamante, e così via.

## 4) STRUTTURARE L'APPRENDIMENTO

Questa edizione offre un **TACCUINO** alla fine del libro. In vacanza, in viaggio o a casa, puoi organizzare facilmente le tue nuove conoscenze senza bisogno di un secondo quaderno!

## 5) AVETE FINITO TUTTE LE GRIGLIE?

Nelle ultime pagine di questo libro, nella sezione della **SFIDA FINALE**, troverete un gioco gratuito!

**Facile e veloce!** Dai un'occhiata alla nostra collezione di libri di attività per il tuo prossimo momento di divertimento e **apprendimento,** a portata di clic!

Trova la tua prossima sfida su:

BestActivityBooks.com/MioProssimoLibro

# Ai vostri posti, pronti...Via!

Sapevi che ci sono circa 7.000 lingue diverse nel mondo? Le parole sono preziose.

Amiamo le lingue e abbiamo lavorato duramente per creare libri di altissima qualità. I nostri ingredienti?

Una selezione di argomenti adatti all'apprendimento, tre buone porzioni di intrattenimento, una cucchiaiata di parole difficili e una spolverata di parole rare. Li serviamo con amore e entusiasmo in modo che tu possa risolvere i migliori giochi di parole e divertirti imparando!

-------

La vostra opinione è essenziale. Puoi partecipare attivamente al successo di questo libro lasciandoci un commento. Ci piacerebbe sapere cosa ti è piaciuto di più di questa edizione.

Ecco un link veloce alla pagina dell'ordine:

BestBooksActivity.com/Recensione50

Grazie per il vostro aiuto e buon divertimento!

*Tutta la squadra*

# 1 - Scacchi

```
Q X I G K O T Y C R K V L S
D I A G O N A L E A O T W T
E K K B B U D M X U H U I R
Q U R O D Q I J D S A R P A
E N R O N Y F Ë Q Ë U N D T
Z D E P O K S H S M P E D E
M Ë G R I P U D B Ë M U D G
B R U J P V P R A T J O L J
R S L P M Z I A S R L L X I
E H L F A C K B Z Ë A O X A
T T A G K S Ë E Z P U X J Q
U A T W Ë C I F I R K A S Ë
B R V Q U Z M V N A J O H K
M W Y B S I Ë Z E Z E M V P
```

KUNDËRSHTAR
E BARDHË
KAMPION
KONKURS
DIAGONALE
LOJTAR
LOJË
E ZEZË
PASIVE

PËR TË MËSUAR
PIKË
MBRET
RREGULLAT
SAKRIFICË
SFIDAT
STRATEGJIA
KOHA
TURNEU

# 2 - Salute e Benessere #2

```
N W B D D G V S P I T A L A
T K O I E J T E R T C O G L
T T R E H M A S A Z H S J E
B D E T I A D X D H U G E R
K G K Ë D T M X O U T H N G
A J S Q R A X C V P U D E J
L A I C A I M O T A N A T I
O K M U T E N E R G J I I A
R M U W I V Q F H G J D K T
I D T A M A X D S E F T A R
F T Ë U S H Q Y E R I T Z U
I N F E K S I O N I A R S P
H I G J I E N A H P I Q S I
T E Y S T P S Ë M U N D J E
```

| | |
|---|---|
| ALERGJIA | GJENETIKA |
| ANATOMIA | HIGJIENA |
| OREKSI | INFEKSIONI |
| KALORI | SËMUNDJE |
| TRUPI | MASAZH |
| DIETË | TË USHQYERIT |
| TRETJE | SPITAL |
| DEHIDRATIM | PESHA |
| ENERGJI | GJAK |

# 3 - Aggettivi #2

```
G L Q B R H I H I P A E K W
C U C G Z H T O F R U T R G
Z H L I R A X K O O T N V U
F L R Y W R J H R D E A X E
S R U P I R K E T U N S W L
I F A M S H Ë M Ë K T E M E
K T I N B U I E P T I R I G
Q R H N E D N L B I K E W A
F Ë I A Z R X A A V E T P N
R T R J T X K M T E Q N N T
E S R M U Ë K R U R I I G E
K A Y Z D E R O R Y T A N B
G P M R J Q S N E Ë M B Ë L
N I D R A M A T I K E U Q U
```

URI                    INTERESANTE
THATË                  NATYRORE
AUTENTIKE              NORMALE
KRIJUES                I RI
E ËMBËL                KRENAR
DRAMATIKE              PRODUKTIVE
ELEGANTE               I PASTËR
I FAMSHËM              E KRIPUR
I FORTË

# 4 - Ingegneria

```
N A F T Ë A R U T K U R T S
I N G R A N A Z H E T L H M
E M T X E Y D M U D T S E B
P T X H L Ë N G O H A F L E
G I M I T R Ë D N T T I L J
M A T J A U K Q M J O H Ë R
Z F W O F O H J K A E R S A
L L O G A R I T J A K S I D
S T A B I L I T E T I I B N
D I A G R A M Ë C R O F N R
J F R R O T U L L I M I V Ë
V Q K U J S H T E S J E E P
E N E R G J I S M K A N W H
W Q R T I R T E M A I D L S
```

KËND
AKSI
LLOGARITJA
NDËRTIMI
DIAGRAMË
DIAMETRI
NAFTË
SHPËRNDARJE
ENERGJI
FORCË

INGRANAZHET
LËNG
MAKINË
MATJA
MOTOR
THELLËSI
SHTESJE
RROTULLIMI
STABILITETI
STRUKTURA

# 5 - Archeologia

```
F Q Y T E T Ë R I M I F E S
K O U A Z E E E N I G S K T
O Z S Z Y O B K U F F Y I U
C W Y I S U M I S T E R P D
K Ë K L L L G L S R T X I I
A K S A W E Y E K E K R L U
T I J N I Y U R P P E G A E
F M R A U R R A H S J E S S
P A S A R D H Ë S K B P H G
Y R G T V W V J Y E O O T W
T E M P U L L A P B M K Ë U
I Q C O J U V T R J R Ë S F
P R O F E S O R V R Z Z I K
P A N J O H U R E Z I C A W
```

ANALIZA
LASHTËSIA
QERAMIKË
QYTETËRIMI
HARRUAR
PASARDHËS
EPOKË
EKSPERT
FOSILE
MISTER

OBJEKTE
KOCKAT
PROFESOR
RELIKE
STUDIUES
PANJOHUR
EKIPI
TEMPULL
VARRI

# 6 - Salute e Benessere #1

```
F T B K L T R A J T I M I O
H A V A R U T S O P Q L I E
O V R I K R E F L E K S S G
R R M M R T J U K S U M Ë J
M E G I A U E K L I N I K A
O N D R T C S R Z C K K E R
N U N J T A I I E K C N J Ç
E R O L U I Z Y A T G E M L
T I D N D S J F K N X O X O
Q A P M R Ë R U T K A R F D
Z A K O N T K L I A P J T H
L L Ë K U R Ë S V S A V C J
R J T B U A T E R A P I A E
O X X W Y L A D O K T O R I
```

ZAKON

LARTËSIA

AKTIV

BAKTERET

KLINIKA

URIA

FARMACI

FRAKTURË

MJEKËSI

DOKTOR

MUSKUJT

NERVAT

HORMONET

LËKURËS

POSTURA

REFLEKS

ÇLODHJE

TERAPIA

TRAJTIMI

VIRUSI

# 7 - Aggettivi #1

```
U E I A Y S Z D E D A C Q V
K M H M K E P Ë R E L V E M
B A I V A T P T Ë H T A G N
U D R P C D I G N A A G E I
J H I D F R H V D B R J R H
A E N R E D O M Ë S O A Ë O
R I C P W U T R S O M T N L
I D E N T I K E I L A Ë D L
N D E R S H Ë M S U T A Ë Ë
E K Z O T I K E H T I X H Y
P E R F E K T N M E K O C P
U W B S Z F R F E M E O E J
A M B I C I O Z E X S F C M
A R T I S T I K E M M F O E
```

| | |
|---|---|
| AMBICIOZE | IDENTIKE |
| AROMATIKE | E RËNDËSISHME |
| ARTISTIKE | NGATHËT |
| ABSOLUTE | GJATË |
| AKTIV | MODERNE |
| I MADH | NDERSHËM |
| EKZOTIKE | PERFEKT |
| BUJAR | E RËNDË |
| I RI | ME VLERË |
| E MADHE | I HOLLË |

# 8 - Geologia

```
G X D Z R G D X E X E D N S
Y E L A T S I R K F Z Y I T
R G J A J H C U L M L O U A
F F A Z K E A G R C M G D L
R R O U E O S H T R E S Ë A
G I E S X R R A J A T F J G
Z A V T I U D A S U E E A M
V N A K L L U V L K L R L I
T Ë R M E T E A M I A O L T
K R I P Ë B T L P H R Z P E
S T A L A K T I T W E I X T
J A V S T N E N I T N O K F
K A L C I U M S C T I N P A
S H P E L L Ë V X N M I V E
```

| | |
|---|---|
| ACID | LAVA |
| PLLAJË | MINERALET |
| KALCIUM | GUR |
| SHPELLË | KUARC |
| KONTINENT | KRIPË |
| KORAL | STALAGMITET |
| KRISTALE | STALAKTIT |
| EROZIONI | SHTRESË |
| FOSILE | TËRMET |
| GEJZER | VULLKAN |

# 9 - Campeggio

```
P X H B L K U Z S P L O M R
E P L U I A O J T Y H V H C
Y O E F T P Q A H L U P Q Z
H Ë N A A E E R A L K F N G
U M A A R L C R M A A M A J
Z A H Q K Ë R K A X F A T U
H A R T Ë K R I K V S L Y E
L I Q E N I D U B Q H Q R T
A R G Ë T I M Ç T E Ë X A I
N J K P Ë Z C A S N T G Y A
I H P T M N B D T K E S N I
B L E M E S U Ë V K W V F V
A B I I P O M R Y Q A T A W
K C K V F R K B U S U L L C
```

| | |
|---|---|
| PEMËT | ARGËTIM |
| HAMAK | PYLL |
| KAFSHËT | ZJARR |
| AVENTURË | INSEKT |
| BUSULL | LIQENI |
| KABINA | HËNA |
| GJUETIA | HARTË |
| KANOE | MAL |
| KAPELË | NATYRA |
| LITAR | ÇADËR |

# 10 - Arti Visive

```
P S K U L P T U R Ë Y F D P
O E I R U R D R Y M Y Q Y Ë
H J R C C E O F C T S X L R
P H A S F H Y D I K M S L B
O F T P P W T T D L D N I Ë
R K M A S E Y S D I M S Q R
T L I L H Ë K I M A R E Q J
R I J O K H A T L A B I R A
E S I L U T G R I L L A K R
T H R I M Q N A N V J G V P
C E K T Ë T Q Y P L Ë N V X
Q V X S S F O T O G R A F I
K R Y E V E P Ë R L A P S L
X B K Ë M B A L E C O A G Z
```

BALTA
ARTIST
KRYEVEPËR
QYMYR DRURI
KËMBALEC
DYLLI
QERAMIKË
PËRBËRJA
KRIJIMTARI
FILM

FOTOGRAFI
SHKUMËS
LAPS
STILOLAPS
PERSPEKTIVË
PORTRET
SKULPTURË
KLISHE
LLAK

# 11 - Tempo

```
H Q J M P K V M M V Y C Y S
Y T E E A A I J I D I T A H
T Y P S X L T H V N D M A E
Z Q E D S E I H D B U G O K
V S Q I H N P A R A S T R U
F J D T I D J A V A Y Y Ë L
T V E Ë Y A J M H D R A E L
T F D T X R G Q N O G I J I
D G A G O S Ë S H P E J T I
E J K B K R N A T Ë S H N P
I K E L R O O P K S O Z E L
W Z D P Y V B O H N T R M X
M Ë N G J E S R M U A J O M
Q L U M R U E Ë V M B F M S
```

VITI
VJETOR
KALENDAR
DEKADE
PAS
E ARDHMJA
DITA
DJE
MËNGJES
MUAJ

MESDITË
MINUTË
MOMENT
NATË
SOT
ORË
SË SHPEJTI
PARA
SHEKULLI
JAVA

# 12 - Astronomia

```
R A S X I I S O M Z O K O T
Z R S E F X O H K G B A E A
S T E T E N A L P I S S I L
Q U S Z E T O K A I E T R L
Q A P V A R Z U E S R R G K
J N R E Y T O Q B K V O A S
Q O N E R D I I A O A N L B
I R W M L N W M D N T O A P
E T V E E U O B I I O M K L
L S J N A L X V D U R H T O
L A M E T E O R A K I Ë I J
R A K E T Ë J A G E W N K Ë
I T E L E S K O P G M A Ë S
M J E G U L L N A J A I K I
```

ASTEROIDI
ASTRONAUT
ASTRONOM
QIELL
KOZMOSI
PLOJËSI
EKUINOKSI
GALAKTIKË
HËNA

METEOR
MJEGULLNAJA
OBSERVATORI
PLANET
RREZATIMI
RAKETË
SUPERNOVA
TELESKOP
TOKA

# 13 - Circo

```
U N E S P E K T A T O R Z X
G R J L A C I D I I R U R H
V F J B E K B B C N Ë M L O
V J X X F F K B M A G J I N
P A R A D Ë A I L U I K P G
T J V W W V L N A L T B K L
K A R A M E L E T M Ë S H E
X N Ë T E L I B A I H T O R
P O D M I Y W B B S S D Z K
X L A P A U J Y O M F Y M J
H A Ç O V J T K R L A Y K J
G B Y G R C M K C A K U Z Y
T R E G O J W U A V J Z R O
M U Z I K A B B N M N P M I
```

ACROBAT
KAFSHËT
BILETË
KARAMELE
KOSTUM
ELEFANTI
XHONGLER
LUANI
MAGJI

TREGOJ
MUZIKA
BALONA
PARADË
MAJMUN
SPEKTATOR
ÇADËR
TIGËR

# 14 - Algebra

```
P Ë M E R R I L N E G H X E
N R Q G R A F I K M J L O K
P U O V L A P A L L K A R U
A S M B T N E N O P S K E A
V E S Ë L J T N T O P J Z C
A D V V R E Ë C I R T A M I
R J L Z F H M K N L U Y D O
I F Q T H J E S H T O J I N
A F O R M U L Ë A X K R A I
B D I V I Z I O N I Z F G N
Ë S E Y H T P A F U N D R E
L Q A J Z G J I D H J E A C
F A K T O R I R F J O R M B
Z B R I T J A A S S R H Ë U
```

DIAGRAMË

DIVIZIONI

EKUACIONI

EKSPONENT

I RREMË

FAKTORI

FORMULË

THYESË

GRAFIK

PAFUND

LINEARE

MATRICË

NUMËR

KLLAPA

PROBLEM

THJESHTOJ

ZGJIDHJE

ZBRITJA

VARIABËL

ZERO

# 15 - Mitologia

```
M K F G B E K R I J E S A K
A T G O P O K F L T F T I U
J E F U R R M I J I R K S L
X V F D V C X U J Z Q T Ë T
M D Q U T D Ë Q X G F N K U
L U F T Ë T A R I L A S E R
A R K E T I P I H E T M D A
X H E L O Z I A Y G K Ë V H
S J E L L J E W J J E H A E
F G U A C P O J N E Q S P R
L A B I R I N T I N Ë K N O
A Y C X N T X E T D S E J H
S H C F X P C S Ë A I D S C
P Ë R B I N D Ë S H I V N R
```

| | |
|---|---|
| ARKETIPI | RRUFE |
| SJELLJE | XHELOZIA |
| KRIJESA | LUFTËTARI |
| KRIJIM | PAVDEKËSIA |
| KULTURA | LABIRINT |
| FATKEQËSI | LEGJENDA |
| HYJNITË | MAGJIKE |
| HERO | VDEKSHËM |
| FORCË | PËRBINDËSH |

# 16 - Piante

```
F H U B M A B W E P U Q Y B
L J A R O L F R V I R A B I
E W W S U T K A K V S U E M
T P N Y R C A W X Y L M K Ë
Ë Q L A T E P N R E X T F S
L G L J Y Z S U I J J G J I
C L Y D W P S B X K V X R A
K O P S H T X U D H Ë M H X
R L U L E R C S M S N M T C
R R U Y N Q Z H H Y Y D E F
R F Ë F A S U L E M O E J P
I X H N P B A R K T Y Q G O
T N P U J L Q I P L E H K H
U R N U O Ë F H I N G Q F K
```

| | |
|---|---|
| PEMË | LULE |
| BAMBU | FLORA |
| BOTANIKË | FLETË |
| KAKTUS | GJETH |
| BUSH | PYLL |
| RRITU | KOPSHT |
| IVY | MYSHK |
| BARI | PETAL |
| FASULE | RRËNJË |
| PLEH | BIMËSIA |

# 17 - Spezie

```
A R R Ë M Y S H K Q A S W H
N Q X H E N X H E F I L V E
K A N E L L Ë P E Q T X U A
E P U U Q N U R B P C Z D N
A Ë I Q I M N O N J H P F I
R P M P K E R R I N H D L S
O I J B E K A R D A M O M E
M R S Q Ë R V U Ë P Z U J S
Ë K S K L L C H W P H X A H
V A N I L J E D G G O P M A
S T U N P I U I C V Y K B F
Q N S T H R Ë H D U H G A R
H T Q U K I C E P S V P L A
L I K O R I A N D Ë R B L N
```

| | |
|---|---|
| HUDHËR | KOPËR |
| E HIDHUR | AROMË |
| ANISE | JAMBALL |
| KANELLË | ARRËMYSHK |
| KARDAMOM | SPEC I KUQ |
| QEPË | PIPER |
| KORIANDËR | KRIPË |
| QIMNON | VANILJE |
| KERRI | SHAFRAN |
| E ËMBËL | XHENXHEFIL |

# 18 - Cioccolato

```
K N E L E M A R A K P K E O
S H I J E Ë K N F D L K P P
P P T Z K H M M X L U A R P
D E J Z A A L B Y I H R E F
M W W E I G L O Ë U U A F K
Q I Z D S U I O C L R M E I
P Ë R B Ë R Ë S R V D E R K
M A L L L B U T F I O L U I
M T H D I V M H B D T H A R
J E S D C V Z N D T X Ë R I
B C K O K O S I K I Y J A K
Q E E K Z O T I K E H T Z Ë
X R W E S H I J S H M E D T
A R O M Ë K A K A O I B A B
```

E HIDHUR            EKZOTIKE
KIKIRIKËT           SHIJE
MALL                AROMË
KAKAO               PËRBËRËS
KALORITË            KOKOSI
KARAMELE            PLUHUR
KARAMEL             E PREFERUARA
E SHIJSHME          CILËSIA
E ËMBËL             RECETA

# 19 - Guida

```
K S E D J U K R L G M C R F
I A I Q H Z A R A G A I H R
Z D R G K J J U S V K M M E
E X O B U E R G Z L I W P N
R K S K U R E Ë D I N I O A
R I Ë E D R I K W Ç A A L T
F T B N G A A A Q E V K I L
U R M Y I A S N P N X S C H
V A Ë U M Q Z L T S Z I I A
M F K K M B O E I Ë K D A R
O I T R O P S N A R T E L T
T K L Z I I P U P C X N X Ë
O U K C G L X T K F K T P N
R A U T O B U S Y J P Y Z S
```

KUJDES
MAKINA
AUTOBUS
KARBURANT
FRENAT
GARAZH
GAZ
AKSIDENT
LIÇENSË
HARTË

MOTOR
KËMBËSOR
RREZIK
POLICIA
SIGURIA
RRUGË
TRAFIKU
TRANSPORTI
TUNEL

# 20 - I Media

```
R I N D U S T R I A A X O R
L A U D I V I D N I K L N E
D F D M Z W L H K Y W F L K
N W G I T E J R R C K J I L
O C I T O T M H A L B S N A
T P M O E N S B W E Z F E M
R C I B D D I X H I T A L A
E C S N T H P U B L I K T X
G P R X I L O K A L H E A H
T R A E M O X S S O N O T F
I C I M I C N A N I F L E R
Z K O M U N I K I M I P Z B
F O T O G R A F I T Ë C A X
I N T E L E K T U A L E G V
```

TREGTI
KOMUNIKIMI
DIXHITAL
BOTIM
ARSIMI
FAKTE
FINANCIMI
FOTOGRAFITË
GAZETAT
INDIVIDUAL

INDUSTRIA
INTELEKTUALE
LOKAL
ONLINE
OPINION
REKLAMA
PUBLIK
RADIO
RRJETI

# 21 - Forza e Gravità

```
M A G N E T I Z M I V L H B
F V H B D M E K A N I K A S
P L A N E T E T H Ë Q H E O
F I B A A D H W S C C I L K
D M T W Y R V L E N P N A M
S I N O I S E R P A Z E S Q
V R N Q E N D R A T I B R O
G E S A K I Z I F S J I E Z
V J T W M N D I K I M I V B
D G V I A I Q U P D P G I U
P Z Y G T K K F Z W K R N L
Z B D F Q Ë S E N L M V U I
K V L K O H A I Z O Z I Z M
F Ë R K I M I D W N Y U M I
```

| | |
|---|---|
| AKSI | MEKANIKA |
| FËRKIMI | ORBITA |
| QENDRA | PESHA |
| DINAMIKE | PLANETET |
| DISTANCË | PRESIONI |
| ZGJERIMI | VETITË |
| FIZIKA | ZBULIMI |
| NDIKIMI | KOHA |
| MAGNETIZMI | UNIVERSALE |

# 22 - Sport

```
Q D I E T Ë Y T S Z Y P F V
M Ë Z I L K I Ç H R Y E O A
L L L F R N O M Ë G A W R L
M E S L W U Z T N B P N C L
I C I L I D I R D G M U Ë Ë
P J K K V M M U E R X U I Z
A F T Ë S I I P T N Y F W I
R W E S B Z X I I N J T P M
V Y L A P A A O R Y L A W I
K X T V C O M V Y T B K R P
D K A G P T R C E P K C J T
M U S K U J T T M U Y O R D
E K I L O B A T E M O K B H
P R O G R A M I X T N O P X
```

TRAJNER
ATLET
AFTËSI
ÇIKLIZËM
TRUPI
VALLËZIMI
DIETË
FORCË
VRAPIM

MAXIMIZO
METABOLIKE
MUSKUJT
QËLLIMI
KOCKAT
PROGRAMI
SHËNDETI
SPORTET

# 23 - Uccelli

```
N A K I L E P B J T N V S T
R E P H P Y U V D Y D V H O
T O Z F A A L H E R O N Q U
C L S D T S Ë L U P P I I C
H L I A Ë T B Z Q E Q U P A
M A V J G R A S X I Y G O N
V G R U M U R Q H C Q N N R
B A I A T C D Y U I E I J U
Q P A Q B I H S H F K P A B
Z A F A T E Ë T U E U U T C
K P O M Ë M L L E J M T R A
P Ë L L U M B I J E S X I T
F L A M I N G O V E Z Ë A Y
Y P A L L U A B L E J L E K
```

| | |
|---|---|
| HERON | PATË |
| ROSA | PAPAGALL |
| SHQIPONJA | HARABELI |
| LEJLEK | PALLUA |
| MJELLMË | PELIKAN |
| PËLLUMB | PINGUIN |
| QYQE | PULË |
| SHIKURT | STRUCI |
| FLAMINGO | TOUCAN |
| PULËBARDHË | VEZË |

# 24 - Giorni e Mesi

```
W E J G H W V E E R U X E C
N D K J U W I S J M P H I N
K I R R O K T A Q R A N A J
E E N H C V I K S Q V R G L
G L I V H D H J E T O R T O
E U N O Ë W J R M G N A L Ë
P G S F N X A S K R I D Z S
R E J H U Q V H E H Ë N Ë H
E O C Q T E A T J O L E S K
M U J L H R J A U M I L U U
T V H D S S C T K C W A I R
E Y X K E H R O T E T K Y T
P R I L L O D R N Ë N T O R
E V G W I R E M Ë R K U R Ë
```

| | |
|---|---|
| GUSHT | E HËNË |
| VITI | E MARTË |
| PRILL | E MËRKURË |
| KALENDAR | MUAJ |
| DHJETOR | NËNTOR |
| E DIEL | TETOR |
| SHKURT | E SHTUNË |
| JANAR | SHTATOR |
| QERSHOR | JAVA |
| KORRIK | E PREMTE |

# 25 - Casa

```
G R L O X H A K Z Y M C O Q
A F L M C D K R S H W U D I
R R A O Z R W O U H S O R L
A B M K O A L Y D B F G O I
Z W B Ë K G I R U T I A J M
H A Ë S L M B P S Y T N V L
F J D E R A R A H L A I E I
Ë M O H D Q A S S G K H R T
F A L S Y B R Q P T G Z A Z
H R M F A B I Y T Q H U T W
W T L N X C T R G A H K I X
K O P S H T A Ë I D V Y R I
U O T S A N Ç T K E I A D A
P P A P A F I N G O S Y N D
```

PAPAFINGO
LIBRARI
DHOMË
OXHAK
KUZHINA
DUSH
DRITARE
GARAZH
KOPSHT
LLAMBË

MUR
KATI
DERA
GARDH
RUBINET
FSHESË
TAVAN
PASQYRË
QILIM
ÇATI

# 26 - Fantascienza

```
S M T L C G P I H E T A U K
A T O M I K E L R R F P T I
F U T U R I S T A A K Ë O N
R E A L I S T E W N F K P E
L T C B Q E F S Y I E I I M
A I X I F Z Q B Z J R T E A
I P B B X O V N M G I K K R
P J Y R Q I I S W A B A S O
O F I M A R F L V M O L T B
T K S I R E O Z U I T A R O
S H P Ë R T H I M Z Ë G E T
I X A N A S W G N Q I E M Ë
D C P I J I J F H W I O U T
F O R K Z M R B F X F L N Q
```

ATOMIKE
KINEMA
DISTOPIA
SHPËRTHIM
EKSTREM
ZJARR
FUTURIST
GALAKTIKË
ILUZION

IMAGJINARE
LIBRA
MISTERIOZE
BOTË
PLANET
REALISTE
ROBOTËT
UTOPI

# 27 - Città

```
R R Q Y G X S J T S D E Z F
D Y Q A N I C T J R E U Y U
L I B R A R I H A S E J B R
R E S T O R A N T D A G R K
K L I N I K A F J J I L U E
I B R O C K M A C V R U M Z
A A T L Y C E R N Q E A M W
E N A L E R N M Q W L J S I
R K E A W E I A Z T A I T L
O Ë T S M J K C R R G Q W U
P E B O U U L I H O T E L Y
O A M O A F Z S H K O L L A
R S Ë T I H S E L U L B N Y
T O S U P E R M A R K E T N
```

| | |
|---|---|
| AEROPORT | MUZE |
| BANKË | DYQAN |
| LIBRARI | FURKE |
| KINEMA | RESTORANT |
| KLINIKA | SALLON |
| FARMACI | SHKOLLA |
| LULESHITËS | STADIUMI |
| GALERI | SUPERMARKET |
| HOTEL | TEATRI |
| TREGU | |

# 28 - Fattoria #1

```
A S B U J Q Ë S I A Z A N V
F A V P P J O P U P V L Q Q
X N E U Q A V Y Z V L Q E G
X Ë G L O W O J V V V E N O
G T P Ë Z K L N H V K J H M
A L Q O P G L K Z Q O W T A
X A Q J L M H L P O R S D R
I J V O A A D E R R I H D R
I M V I Ç C R L D A Z J N M
Y X B I M E A H S U F R U X
T Q D S L M G K B L E T Ë J
T G K O P E F A R A F J C X
Y X X K B A A L C I D U K I
I T P Y P R K Ë Z L I W S J
```

UJI
BUJQËSIA
BLETË
GOMAR
FUSHA
QEN
DHI
KALË
PLEH
SANË

MACE
KOPE
DERR
MJALTË
LOPË
PULË
GARDH
ORIZ
FARA
VIÇ

# 29 - Psicologia

```
F Ë M I J Ë R I A Z F V P P
N Ë N V E T Ë D I J A A Ë K
T E T I L A N O S R E P R X
E E K I N I L K B D C S V S
M D R E V M T K I L F N O K
O I Y A G T G C M S R B J E
C K T T P O H S I X E Z A M
I B K Q R I J X R F F J T I
O R K D T A A X Ë M Y M D D
N P R O B L E M M Y I V O N
E W E J I D Ë T E V A P F E
T E T I L A E R H W V J T M
P E R C E P T I M I G J H U
N J O H J E S J E L L J E M
```

| | |
|---|---|
| EMËRIMI | FËMIJËRIA |
| KLINIKE | MENDIME |
| NJOHJE | PERCEPTIMI |
| SJELLJE | PERSONALITET |
| KONFLIKT | PROBLEM |
| EGO | REALITET |
| EMOCIONET | NDJESI |
| PËRVOJAT | NËNVETËDIJA |
| IDE | TERAPIA |
| PAVETËDIJE | |

# 30 - Paesaggi

```
G J M X W E L L T E D G G A
O D M Z G T M I U R W E A K
Q A A V O A J Q N G D J D U
E E L A Ç O M E D S O Z I L
A L U G I N Ë N Ë M R E S L
N D M D G N C I R N Ë R H N
L S H K R E T Ë T I R Ë U A
K C U B E I Q X W S A D L J
K T D B B P S C U P V O L Ë
L U M I S O R H P S Ë K G M
I T H S J L Q P U W J O V Q
X F H Z A L P G A L U A N N
E M J V U L L K A N L Z X X
I F F C S H P E L L Ë Ë Z T
```

| | |
|---|---|
| UJËVARË | DET |
| KODËR | MAL |
| SHKRETËTIRË | OAZË |
| LUMI | OQEAN |
| GEJZER | MOÇAL |
| AKULLNAJË | GADISHULL |
| SHPELLË | PLAZH |
| AJSBERG | TUNDËR |
| ISHULL | LUGINË |
| LIQENI | VULLKAN |

# 31 - Energia

```
K M K F T S I D E J M X E R
I O B A O K H L L U V A L I
N T A R R T J S E O S Q E N
D O T E I B O L K W Z T K O
U R E Z Z V O N T L U N T V
S D R R O U D N R H G A R U
T Ë I P U D U V I W L R O E
R N A U I D E G K D S U N S
I I A I S Ë T H E X N B L H
A Z N B Ë R T H A M O R E M
W N D O T J A F U B F A F E
E E Q L V M L U A R Q K W Z
E B T U R B I N Ë N Q D X D
E N T R O P I A M V W C F G
```

MJEDIS
BATERI
BENZINË
NXEHTËSIA
KARBON
KARBURANT
NAFTË
ELEKTRIKE
ELEKTRON
ENTROPIA

FOTON
INDUSTRIA
NDOTJA
MOTOR
BËRTHAMORE
RINOVUESHME
TURBINË
AVULL
ERA

# 32 - Ristorante #2

```
A Q U U A T A X K S S L U W
Z W N V K O K X H L X D T F
Ë Z E V D R U X S N P I C R
R T J F O T L A E U P Y G U
E Z I F C Ë L U P R P V D T
W S P R B K G L S I S Ë A A
K V H E Z E M U U P A G R P
K E G I R R A K J D L U K E
K H P R J D A O G I L L A R
R I C A Y S K T S X A C K I
I C L M M X H H Z S T E N M
P O S A Y Z H M P U Ë T R E
Ë B M K I N W O E S M S D T
B H H V C N S A X Q I S P G
```

UJI
MEZE
PIJE
KAMARIER
DARKA
LUGË
E SHIJSHME
PIRUN
FRUTA
AKULL

SALLATË
SUPË
PESHK
DREKË
KRIPË
KARRIGE
ERËZA
TORTË
VEZË
PERIMET

# 33 - Moda

```
R B V B J N R L T V S V S E
E J H S E V K A S Z N I P T
H G E K G E J R I R P S G H
A N D N V K C F L I H O R J
T Z A L L E T N A D S F O E
M O D E S T A Q M C L I R S
S C I D K K N S I I Ë S I H
M H X O U I O D N L R T G T
O I K M V T T R I Ë U I J Ë
D C D E P U U K M S H K I Q
E V Y L N B B O A I L U N Y
R M U L N J L Z M R Ë A A L
N S T I L I T F K C P R L F
E K E T N A G E L E L O C G
```

VESHJE
BUTIK
SHKENJTE
REHAT
ELEGANTE
MINIMALIST
MODEL
MODERNE
MODEST
ORIGJINAL

DANTELLA
PRAKTIKE
BUTONAT
E THJESHTË
I SOFISTIKUAR
STILI
PRIRJE
PËLHURË
CILËSI

# 34 - L'Azienda

```
P U N Ë S I M I Y K F D G P
I N D U S T R I A R T K J R
P E V I T A V O N I Ë N F E
R R Y S K S Z P M J A G V Z
R R O Ë A A N R R U R V E A
E C I D V S X O P E D Q N N
Z I T N U E M F A S H B D T
I L R U G K I E G E U U I I
Q Ë E M L F T S A R R R M M
E S N I O N S I T G A I N X
T I D V B E E O D O T M D C
U A E V A H V N H R Y E K E
O R T S L T N A E P C T L Y
E H M O E U I L E A C D C E
```

KRIJUES
VENDIM
GLOBALE
INDUSTRIA
INOVATIVE
INVESTIM
PUNËSIMI
MUNDËSI
PREZANTIM

PRODUKT
PROFESIONAL
PROGRES
CILËSIA
TË ARDHURAT
RREZIQET
BURIMET
PAGAT
TRENDET

# 35 - Giardino

```
G Y V C R E C N K H Q Q W T
F K V E T H S I M E P J G R
P M G C R Z H J P O A G M A
R S X L K A M A H S U B D M
Y D H O L P N B Y A M Z I P
L K N T S E S D T O K Ë S O
Ë X C S H M P W Ë O E Ç G L
N R M E D Ë H L T F M O A I
D T A R R A C Ë A J D R R N
I R A B A T H S P O K A A Ë
N E H K G O A H O H T P Z Y
Ë S I H D R A H L Z N E H F
G K X X Q P G R A B U J Ë T
U D K G O E I S H L U L E P
```

| | |
|---|---|
| PEMË | VERANDË |
| HAMAK | LËNDINË |
| BUSH | GRABUJË |
| BARI | GARDH |
| LULE | PELLG |
| PEMISHTE | TOKËS |
| GARAZH | TARRACË |
| KOPSHT | TRAMPOLINË |
| LOPATË | ÇORAPE |
| STOL | HARDHISË |

# 36 - Frutta

```
M P A I F K W L O D T A R X
A J L N R X X O D A K O V A
A N E M X A K I V I R D F V G
G S Y G C N F N O D U Q E X
O H Z O R G A E W H M N Y Z
D K L I M O N S R Ë D E J M
T Ë T S T I H S U R R K U R
P B D J P A P A J A Ë T V U
Q J F A H V N S F I G A U S
E M E K I L L A K O T R O P
R O H P K U M B U L L I B F
S L D U Ë B A N A N E N N X
H L M B E R W V K T X Ë L G
I Ë N W O T J Z L I V C C X
```

| | |
|---|---|
| KAJSI | MANGO |
| ANANAS | MOLLË |
| PORTOKALLI | PJEPËR |
| AVOKADO | FERRË |
| BANANE | NEKTARINË |
| QERSHI | PAPAJA |
| FIG | DARDHË |
| KIVI | PJESHKË |
| MJEDËR | KUMBULL |
| LIMON | RRUSHIT |

# 37 - Fattoria #2

```
P L D G P Y R J P N G E F G
A Q I R U R G E E X L Z K R
T E R V S Q B L M I Q H S U
A N S K A B E E I R O S A K
T G I B H D T D S B E W T E
B J M O A U H C H L Y F U J
I X X X M N S Q T P L G R P
Z Y B V B Y Ë M E Y A A F F
Q E Z C A Z M G L B N S M C
E G R P R W U I R A B Q Z A
L T W H A E Q K A F S H Ë T
B U J I T J E T R A K T O R
T F E C W E U N H W W T E L
R C O Q P C W D N W K H Y F
```

| | |
|---|---|
| QENGJ | LLAMA |
| FERMER | QUMËSHT |
| ROSA | MISRI |
| KAFSHËT | PJEKUR |
| USHQIM | PATAT |
| HAMBAR | ELB |
| FRUTA | BARIU |
| PEMISHTE | DELE |
| GRURI | LIVADH |
| UJITJE | TRAKTOR |

# 38 - Verdure

```
B R D J E R Z O N A D J A M
U R O L J B H N B H O G R N
E R O T A X C I I D M D S A
A K S K T K X L Z U A S H H
D R L H O U B E E P T P A X
C N I O R L Q S L R E I L L
E D F G R I I B E Ë X N L L
V P E P A T A T E K P A O Ë
A M H U K G U B I H O Q T T
R Z X R A N G J I N A R J A
T R N T L S A L L A T Ë T P
S M E H U D H Ë R U Z P B X
A Y H P K U N G U L L E Q A
K T X Y Ë K P E R R O Q G M
```

HUDHËR

BROKOLI

ANGJINARJA

KARROTA

KASTRAVEC

QEPË

KËRPUDHA

SALLATË

PATËLLXHAN

PATATE

BIZELE

DOMATE

MAJDANOZ

RREPË

RREPKË

SHALLOT

SELINO

SPINAQ

XHENXHEFIL

KUNGULL

# 39 - Musica

```
K N O R M M A F R O V M R H
M O I W H E C Y I K L I E A
O E R O B N R R T I I K G R
P E L I J I R F Ë N A R J M
E O R O K I Z U M O J O I O
R S R T D A L B U M R F S N
A T N A K I Z U M R A O T I
L I R I K E N W M A T N R R
K L A S I K E O J H Ë Y I I
F S Z J L L L J D J G O M T
V B A L A D Ë V U N N D I M
I N S T R U M E N T Ë K U I
P O E T I K E D S N K K G K
V O K A L V Q X I D P I T E
```

ALBUM
HARMONI
HARMONIK
BALADË
KËNGËTARJA
KËNDONI
KLASIKE
KORI
LIRIKE
MELODI

MIKROFON
MUZIKOR
MUZIKANT
OPERA
POETIKE
REGJISTRIMI
RITMIKE
RITËM
INSTRUMENT
VOKAL

# 40 - Barbecue

```
P  E  A  W  Q  X  K  F  V  Q  L  Q  U  U
C  U  C  E  Z  Y  X  P  U  S  S  Y  P  S
W  Z  L  B  D  K  M  M  A  I  R  U  T  H
I  G  M  Ë  P  I  R  K  J  Q  E  Q  D  Q
U  X  K  Ë  P  E  Q  M  Z  B  P  W  W  I
T  A  Q  G  K  L  D  M  Q  A  I  V  F  M
D  O  M  A  T  E  V  E  R  Ë  P  A  A  Y
K  Z  S  K  C  A  R  D  A  R  K  A  M  L
V  R  M  I  G  U  S  D  F  D  T  R  I  J
V  W  E  Z  F  N  T  A  R  N  H  Ë  L  A
Q  B  Q  U  J  T  U  Q  U  D  I  J  J  F
N  T  G  M  Z  X  E  E  T  M  K  O  E  I
E  N  X  E  H  T  Ë  S  A  C  A  L  U  S
S  A  L  L  A  T  A  U  Ë  C  L  A  S  F
```

| | |
|---|---|
| NXEHTË | VUAJ |
| DARKA | SALLATA |
| USHQIM | FTESË |
| QEPË | MUZIKA |
| THIKA | PIPER |
| VERË | PULË |
| URIA | DOMATE |
| FAMILJE | DREKË |
| FRUTA | KRIPË |
| LOJËRA | SALCË |

# 41 - Riempire

```
N Z B N G R A T R I S D Z R
M B T Q X V A P N N H S G I
D O S J E A L L E O P Y G V
O K L P Y I X P J T O K U E
F A L U L X B V I R R O E M
Z P V E Z E H V N A T V P U
A H L H G J Y E A K Ë Ë P T
R U J S T E N H P S J X K A
F C U I U D N X L S K N U B
R H G H V A R I Ç U F Ë T A
L Q I S G T C L A R K Ë I K
S N M Z K O Z A V W O A B A
K H O B T C S V V Z G F O V
F J N Ç A N T Ë Q L E Q B S
```

| | |
|---|---|
| LEGEN | ANIJE |
| FUÇI | PAKO |
| ÇANTË | KUTI |
| SHISHE | KOVË |
| ZARF | XHEP |
| DOSJE | GYP |
| KARTONI | VALIXHE |
| ARKË | VASKË |
| SIRTAR | VAZO |
| SHPORTË | TABAKA |

# 42 - Insetti

```
K M M U S H K O N J Ë A F Z
C A I Y T K A R K A L E C I
I V R L A E W H L K L G K Z
C R U K I B L E T Ë A R A Ë
A A T K A N Q A K Z D E C R
D L U R R L G U O F Y N A B
A A L I X X E O F E B Z B P
M H F M N H G C N Y U Ë U I
E Z P B F U V T Q Ë G G B L
T A D I H P A E F O L V P I
I L L U B M U R B A S O X V
P L E S H T E M C L K M M E
T W M W P O S I T N A M Z S
U O H J N H T T P G N A N Ë
```

APHID
BLETË
BRËZI
KARKALEC
CICADA
LADYBUG
BRUMBULLI
MOLË
FLUTUR
MILINGONË

LARVA
PILIVESË
KARKALECI
MANTIS
PLESHT
KACABU
TERMIT
KRIMBI
GRENZË
MUSHKONJË

# 43 - Fisica

```
P W H F D C Z G P F B Y C G
O O I O N E G R Ë T E L S R
A Q I R A L J I R F A P F A
L M T M K E E M S Z T V V V
U M E U I K R C H G A Z M I
K N T L N T I Ë P D F I A T
E L I Ë A R M X E E R K G E
L M V V K O I V J N E M N T
O O I N E N M C T D K G E I
M T T L M R E M I Ë U K T N
O O A D B Z S N M S E I I N
T R L K A O S A I I N P Z T
A R E J E Y L U L A C T M F
F H R K I M I K E E A O I X
```

PËRSHPEJTIMI

ATOM

KAOS

KIMIKE

DENDËSIA

ELEKTRON

ZGJERIMI

FORMULË

FREKUENCA

GAZ

GRAVITETI

MAGNETIZMI

MEKANIKA

MOLEKULA

MOTOR

GRIMCË

RELATIVITETI

UNIVERSALE

# 44 - Erboristeria

```
Ë C E T K L H H N A A B K H
N R Z H U U M P A C R O O U
I K R S L L K K R L O R R D
R V G P I E U K F Ë M Z I H
A V Z O N A D J A M A I A Ë
M L O K A P C F H I T L N R
Z S E M R U Ë I S B I O D N
O R L V I Z G R L U K K Ë E
R I G O N T O A B Ë E Y R N
L I V A N D O U R Ë S E E E
E G J E L B Ë R Ë D R I Z X
J Q F E P Y N D P F C Ë A H
Y X D S S W N N O Z A G S I
T R U M Z Ë X W K W T X E K
```

HUDHËR

AROMATIKE

KORIANDËR

KULINARI

DRAGUA

KOPËR

LULE

KOPSHT

PËRBËRËS

LIVANDO

BORZILOK

NENEXHIK

RIGON

BIMË

MAJDANOZ

CILËSIA

ROZMARINË

TRUMZË

E GJELBËR

SHAFRAN

# 45 - Attività Commerciale

```
B P A R A T Ë R Y Z J E P I
E U P U Y Z F K B Y G K U N
K J X S H I T J E Y I O N V
G X T H K O M P A N I N O E
S C R K E S F U Q B L O N S
F Ë D I A T U L A V F M J T
T R A N S A K S I O N I Ë I
F E U V I S F E Z Z T L S M
I I V G B L U P X B F S P U
N R W Z L P L T V R I W O M
A R H J L W Z A O I T M N K
N A Q Y D A X H M T I N L N
C K F A B R I K Ë J M G I N
A R U H D R A Ë T E I S G H
```

BUXHET
KARRIERË
KOSTO
PUNONJËS
EKONOMI
FABRIKË
FINANCA
INVESTIM
MALLIN
DYQAN

FITIMI
TË ARDHURA
ZBRITJE
KOMPANI
PARATË
TRANSAKSION
ZYRË
VALUTA
SHITJE

# 46 - Fiori

```
L P T T A S E C L I I Z T K
U E T M L A J A I P X U U H
L T Ë G K J I I D K S F L P
Ë A R L Q A F R O J L G E E
K L F I B S B E F M U A P M
U H I V U E K M F G L R Q A
Q U L A Q M L U A U E D B G
E B I N E I H L D Z P E O N
C Q R D T N I P E I A N Z O
L F S O Ë I U O T A S I H L
O R K I D E Z E U F I A U I
D A I S Y L N F V R O M R A
L U L E D I E L L I N Y E B
T R Ë N D A F I L B I W B T
```

| | |
|---|---|
| GARDENIA | ORKIDE |
| JASEMINI | LULËKUQE |
| ZAMBAK | LULE PASIONI |
| LULEDIELLI | BOZHURE |
| LIVANDO | PETAL |
| MAGNOLIA | PLUMERIA |
| DAISY | TRËNDAFIL |
| BUQETË | TËRFILI |
| DAFFODIL | TULEP |

# 47 - Filantropia

```
P K N J E R Ë Z I M I B K P
B U O P M V E P J J K A P R
G U Ë N X K U A K R O M U O
L E J T T E P U R G M I B G
O G I A N A I N I R U R L R
B O M D R E K E G Q N Ë I A
A L Ë I A I V T Z F I S K M
L A F F U Y I O E C T I M E
E Z O S Z H N Z J T E R I T
F I N A N C A Y P A T O S E
O O I C L B A R S G I T I D
N D E R S H M Ë R I A S O N
N J E R Ë Z I T Z I K I N O
N F W K I O D X P W G H I F
```

| | |
|---|---|
| FËMIJË | GRUPET |
| NEVOJA | MISIONI |
| BAMIRËSI | GOLA |
| KOMUNITETI | NDERSHMËRIA |
| KONTAKTET | NJERËZIT |
| FINANCA | PROGRAMET |
| FONDET | PUBLIK |
| BUJARI | SFIDAT |
| RINIA | HISTORI |
| GLOBALE | NJERËZIMI |

# 48 - Discipline Scientifiche

```
I  M  U  N  O  L  O  G  J  I  A  N  S  F
A  N  A  T  O  M  I  A  I  J  S  E  O  I
M  A  W  L  D  I  W  I  V  G  T  U  C  Z
I  K  L  X  A  J  U  M  C  O  R  R  I  I
B  I  O  L  O  G  J  I  G  L  O  O  O  O
E  N  B  Z  E  O  T  K  J  O  N  L  L  L
K  A  I  R  T  L  I  M  U  K  O  O  O  O
O  K  O  B  W  O  A  C  H  I  M  G  G  G
L  E  K  E  R  R  H  U  Ë  S  I  J  J  J
O  M  I  W  N  O  B  M  S  P  C  I  I  I
G  A  M  B  B  E  S  L  I  A  Z  K  Z  S
J  I  I  N  Q  T  B  O  T  A  N  I  K  Ë
I  O  O  F  A  E  Z  O  O  L  O  G  J  I
A  K  V  T  X  M  U  I  M  A  N  Q  G  R
```

ANATOMIA
ASTRONOMI
BIOKIMI
BIOLOGJI
BOTANIKË
KIMIA
EKOLOGJIA
FIZIOLOGJI

IMUNOLOGJI
GJUHËSI
MEKANIKA
METEOROLOGJI
NEUROLOGJI
PSIKOLOGJI
SOCIOLOGJI
ZOOLOGJI

# 49 - Scienza

```
L E L I S O F N A H Q T E N
G A V L L J D A F I E F L P
L R B O Z P T T I P L R M C
W V I O L N Q Y Z O Q Y T E
P R C M R U P R I T K A F K
F B X E C A C A K E Y O M S
A S A G J A T I A Z D R I P
M E T O D A T O O A H G N E
O K Q L O T B F R N P A E R
T I T Ë D H Ë N A A I N R I
A M I L K P R N A M F I A M
X I M O L E K U L A T Z L E
C K G R A V I T E T I Ë E N
V R O J T I M O R G Q M T T
```

ATOM
KIMIKE
KLIMA
TË DHËNA
EKSPERIMENT
EVOLUCIONI
FAKT
FIZIKA
FOSILE
GRAVITETI

HIPOTEZA
LABORATOR
METODA
MINERALET
MOLEKULAT
NATYRA
ORGANIZËM
VROJTIM
GRIMCAT

# 50 - Acqua

```
E Z G N C N T Z G V A L Ë T
F D A C H U B V I D D L M W
I U C K S D I O C I N I U F
F N O S U M M G R V L Q L Q
R A C A D L I D N Ë A E L Y
X E K F V J L L U V A N L P
K Q A W M C L P O R M I A Ë
P O D A N C U F G S Ë E G R
S A E S F U V S T U H I Ë M
N H D N A J A O U O S M S B
K X I E C I M U L K J B H Y
K A N A L T D W Y G I R T T
I Y Y U Q J Z G M I P G I J
S K S O C E G E Y Z E R U E
```

| | |
|---|---|
| PËRMBYTJE | LIQENI |
| KANAL | MUSON |
| DUSH | BORË |
| AVULLIMI | OQEAN |
| LUMI | VALËT |
| LUMË | SHI |
| ACAR | PIJSHËM |
| GEYZER | LAGËSHTI |
| AKULL | STUHI |
| UJITJE | AVULL |

# 51 - Imbarcazioni

```
S O G R L P O I Ë C I T A B
P Q Z A C I M O T O R R L V
I E A F G W Q T J D V A E O
R A E T I C V E L T G G V Z
A N S K A J A K N G I E E Ë
N O B E U B H N E I Z T M M
C I S R M I M U L O R O Ë B
Ë Q W I M A P K A N O E K I
S Y X D G W R A T I L C R U
A S H Z N N U I Z T G F A J
H G V A L Ë T J N H M J V Ë
X P Y H X B E B S A I A G S
U C C C E H D V G J R V H N
D E T A R E P T W B X F D K
```

| | |
|---|---|
| DIREK | DET |
| SPIRANCË | BATICË |
| VARKË ME VELA | MARINAR |
| VOZË MBI UJË | MOTOR |
| KANOE | DETARE |
| LITAR | OQEAN |
| EKUIPAZHI | VALËT |
| LUMI | TRAGET |
| KAJAK | JAHT |
| LIQENI | RAFT |

# 52 - Chimica

```
B T F E K I N A G R O L M P
Ë E B L T Q U X J T F Ë O E
R M N E J G O R D I H N L S
T P E K A E P J G H A G E H
H E J T C K L R W W L L K A
A R G R I I R O L K K V U X
M A I O D M N I H H A P L Ë
O T S N N O J F P C L W A M
R U K O B T L Z A Ë I O Q I
E R O B X A D I H L N G A Z
G A P R A I S Ë T H E X N N
K A T A L I Z A T O R Z M E
J U K K R G V X F Y W A A Z
I P D J F X X S P M K C D U
```

| | |
|---|---|
| ACID | HIDROGJEN |
| ALKALINE | JON |
| ATOMIKE | LËNG |
| NXEHTËSIA | MOLEKULA |
| KARBON | BËRTHAMORE |
| KATALIZATOR | ORGANIKE |
| KLORI | OKSIGJEN |
| ELEKTRON | PESHA |
| ENZIMË | KRIPË |
| GAZ | TEMPERATURA |

# 53 - Api

```
N T X L D C N D J Ë W U U E
M F X U I Ç E L Y T C N S K
A U W L V Z L L Q L T X H C
H Z Z E E B O E B A L K Q I
S T D I R O P I E J Q I I N
E G O K S F R D B M H G M S
R S W O I S X H I K A C Ë E
Ë Q F S T F R U T A B V H K
T S J H E L U X U Z I D S T
E Y O E T D Z A J I T K I H
R X M R I K R A H Ë A N B S
B B I E K L Z U R L T B O P
M B I M Ë T N E X Q Y Z D O
E K O S I S T E M I N Y I K
```

KRAHË
KOSHERE
I DOBISHËM
DYLLI
USHQIM
DIVERSITETI
EKOSISTEMI
LULE
ÇEL
FRUTA

TYM
KOPSHT
HABITAT
INSEKT
MJALTË
BIMËT
POLEN
MBRETËRESHA
MUZI
DIELL

# 54 - Strumenti Musicali

```
H N T U S J M N P P I N K B
A E R J A D D A L D T O E S
R B U G O N G K R X D U W H
M M M P H Ë T E N I R A L K
O O B J V A F Q L I M J G G
N T E O B O R S L R U B V O
I R T J S N S P D R E F A D
K O Ë N V A V A W P M A X I
Ë M R A K I V H K B L G A T
S B A B T P T A J S R E I J
N O T U A L F R P Q O G V E
Ë N I L O I V U T U T F I B
E A K D A U L L E P X Q O T
M A N D O L I N Ë P N R Q N
```

HARMONIKË
HARP
BANJO
KITARË
KLARINETË
FAGEG
FLAUT
GONG
MANDOLINË
MARIMBA

OBOE
GODITJE
PIANO
SAKSOFON
DAJRE
DAULLE
TRUMBETË
TROMBON
VIOLINË

# 55 - Professioni #2

```
P I K T O R F I L O Z O F Z
S E U I D U T S B P V M W O
E W H T X I S Ë K I P H S O
U P H S F D C S P J O Q W L
R I E I G O M J E K K L G O
T L T T R A T E Z A G Q O G
S O U N W M K O L P M W P G
U T E E A C P X G D K H W U
L E S D K M Q G V R J E C E
I N X H I N I E R L A H W J
K O P S H T A R Q U W F C Q
M Ë S U E S V O A F R Y W A
B I B L I O T E K A R I U H
A S T R O N A U T B L I K U
```

| | |
|---|---|
| ASTRONAUT | INXHINIER |
| BIBLIOTEKAR | MËSUES |
| BIOLOG | SHPIKËSI |
| KIRURG | HETUES |
| DENTISTI | MJEK |
| FILOZOF | PILOT |
| FOTOGRAF | PIKTOR |
| KOPSHTAR | STUDIUES |
| GAZETAR | ZOOLOG |
| ILUSTRUES | |

# 56 - Letteratura

```
M P Z O B P E L G R W N P A
E O H P I Ë T O D K E N A B
T E A I O R O T U A B A I R
A T N N G S U D X Z P M J Y
F I Ë I R H G Ë M I R O G X
O K R O A K O H X L G R O K
R E F N F R L H A A Y K L H
A S R Y I I A O W N M R A P
F G F L A M I R Z A P D N O
P Ë R F U N D I M R T X A E
S T I L I K R A H A S I M M
C A Q L Z N Z O O R N H E Ë
Z Z Q Q X I D E J G A R T D
T R I T Ë M E Y E G A C I M
```

| | |
|---|---|
| ANALIZA | METAFORA |
| ANALOGJIA | OPINION |
| ANEKDOTË | POEMË |
| AUTOR | POETIKE |
| BIOGRAFIA | RIMË |
| PËRFUNDIM | RITËM |
| KRAHASIM | ROMAN |
| PËRSHKRIM | STILI |
| DIALOGU | TEMA |
| ZHANËR | TRAGJEDI |

# 57 - Cibo #2

```
E D K A J Y G M I P H L J F
K U J T Y X R U K M A Q Z N
P Ë O A Ë T U H S O R P O D
E L R R T E R P U L Ë K U B
S L T P I H I L O K O R B P
H O N M U Z Ë B A N A N E A
K M V K V D S E L I N O R T
K I V I C X H R O C X N R Ë
L H Y S A I T A S S D J U L
D S D O M A T E V J U O S L
B R O K U F Q B J V X K H X
V E Z Ë T A L L O K O Ç I H
Q Q Z Z X C O P D Y F U T A
T G N M T M Q Q Z T L N S N
```

BANANE
BROKOLI
QERSHI
ÇOKOLLATË
DJATHË
KËRPUDHA
GRURI
KIVI
MOLLË
PATËLLXHAN

BUKË
PESHK
PULË
DOMATE
PROSHUTË
ORIZ
SELINO
VEZË
RRUSHIT
KOS

# 58 - Nutrizione

```
O  L  Ë  N  G  J  E  T  F  H  N  F  I  I
R  T  R  E  T  J  E  L  E  Y  A  J  X  S
E  T  A  N  I  E  T  O  R  P  I  B  J  H
K  S  T  Z  G  D  K  C  M  Q  S  T  H  Ë
S  A  F  X  N  H  N  F  E  R  Ë  A  S  N
I  R  H  V  R  A  U  C  N  A  L  A  B  D
T  O  K  S  I  N  Ë  Ë  T  E  I  D  S  E
G  E  X  E  E  J  T  C  I  K  C  E  H  T
S  R  T  M  H  P  M  L  M  U  R  Y  Ë  S
X  Ë  A  N  S  I  E  A  I  L  L  P  N  H
X  Z  G  F  X  A  D  S  R  V  X  X  D  Ë
Z  A  J  E  R  L  V  H  P  O  X  P  E  M
K  A  L  O  R  I  T  Ë  U  F  M  D  T  G
N  G  R  Ë  N  S  H  Ë  M  R  P  Ë  I  D
```

| | |
|---|---|
| E HIDHUR | LËNGJET |
| OREKSI | PESHA |
| BALANCUAR | PROTEINAT |
| KALORITË | CILËSIA |
| NGRËNSHËM | SALCË |
| DIETË | SHËNDETI |
| TRETJE | I SHËNDETSHËM |
| FERMENTIMI | ERËZA |
| AROMË | TOKSINË |

# 59 - Matematica

```
S T R L U Q K Ë N D E T J E
E K S P O N E N T X U G U K
T R E K Ë N D Ë S H Y K F U
D I V I Z I O N I D F C Q A
A R I T M E T I K Ë F F G C
P A R A L E L O G R A M J I
P X P Ë M U H S I T S D E O
P A Q O T A G Q Y H I I O N
G C R D L E C W H Y M A M I
E H M A Y I M T N E E M E H
O Z G J L F G I D S T E T S
O L N T D E I O R Ë R T R E
A L O Q D K L Z N E I R I H
R R E T H E N C A I P I A S
```

KËNDET
ARITMETIKË
RRETHENCA
DIAMETRI
DIVIZIONI
EKUACIONI
EKSPONENT
THYESË
GJEOMETRIA

PARALEL
PARALELOGRAM
PERIMETËR
POLIGONI
SHESHI
SIMETRI
SHUMË
TREKËNDËSH

# 60 - Meditazione

```
L  Z  W  L  X  U  M  M  P  A  Q  E  X  U
P  Ë  A  I  F  G  E  I  E  N  T  E  V  M
R  V  V  R  J  Y  N  T  M  N  P  J  D  J
A  I  Q  I  W  X  D  J  I  N  D  H  M  L
N  T  A  H  Z  R  J  O  D  A  T  O  A  M
I  K  R  E  W  J  E  R  N  T  X  J  R  T
M  E  T  S  C  E  A  V  E  Y  N  N  U  E
I  P  Ë  H  N  V  K  L  M  R  Y  Ë  T  N
V  S  S  T  X  E  I  O  E  A  R  R  S  O
M  R  I  J  L  Q  Z  M  Y  S  T  I  O  I
B  E  Z  E  E  S  U  E  L  V  M  M  P  C
P  P  P  U  R  A  M  M  I  R  Ë  S  I  O
N  K  U  J  D  E  S  Q  E  T  Ë  S  I  M
F  R  Y  M  Ë  M  A  R  R  J  A  D  I  E
```

PRANIMI
KUJDES
QETËSI
QARTËSI
EMOCIONET
MIRËSI
MIRËNJOHJE
MENDORE
MENDJE
LËVIZJA

MUZIKA
NATYRA
VROJTIM
PAQE
MENDIME
POSTURA
PERSPEKTIVË
FRYMËMARRJA
HESHTJE

# 61 - Antiquariato

```
A U T E N T I K E X B Y E C
Z T B G S A N K A N D Y L I
G Q T V U T G V L E R A E L
G A L E R I I L M Q D S G Ë
P W Ë R U T P L U K S H A S
J S H T J A R T I V Y Y N I
S E P A Z A K O N T Ë V T A
M H G T Ç M O B I L J E E I
O D E S I M I R U A T S E R
N E H K E V I T A R O K E D
E K Q W U O Q M Z G L G L M
D A F M I L D F I S M B I V
H D V G B W L G J E N D J A
A A V E A Z M I T S E V N I
```

ART
ANKAND
AUTENTIKE
GJENDJA
DEKADA
DEKORATIVE
ELEGANTE
GALERI
E PAZAKONTË
INVESTIM

MOBILJE
MONEDHA
ÇMIMI
CILËSIA
RESTAURIMI
SKULPTURË
SHEKULLI
STILI
VLERA

# 62 - Escursionismo

```
M K S A P Q B K I A Q W G S
L L E I D I A A R Y T A N A
E M U S S E Ç F P K K Y I M
W R Z O H G I S U J I C P I
H U Ë I Q Ë Z H O Q R U M T
A H H N P R M Ë E T V U A I
S D D R D S E T F E N U K M
H O U D O Ë Q Z X X T U X I
K L M A L T R R E Z I Q E T
Ë Ë P G A R Q U S N K R Y N
M T E Q R A P Y G X L Z J E
B P G J D H V Q B D I Z N I
P Ë R G A T I T J A M J J R
C F N E J H B N F Y A F C O
```

UJI
KAFSHËT
KAMPING
KLIMA
UDHËZUES
HARTË
MAL
NATYRA
ORIENTIM
PARQET

RREZIQET
E RËNDË
GURË
PËRGATITJA
SHKËMB
I EGËR
DIELL
TË LODHUR
ÇIZME
SAMITI

# 63 - Professioni #1

```
F A R M A C I S T R D A O L
I R A H U J G H D E Y U O B
B N U Y V N K F A D J X O S
B A F G J K I L U A R D I H
A A N E P G O L O K I S P V
L M M K R S Q F D T V Z Q F
E B U P I M M O N O R T S A
R A Z I U E I G Q R E S G R
I S I A G Y R E N A N I J G
N A K N A Q I M R T J T E O
E D A I M V Y L F E A R O T
E O N S A F J Z P U R A L R
H R T T R N G G A J T Q O A
A V O K A T I Y R G Q N G H
```

| | |
|---|---|
| TRAJNER | REDAKTOR |
| AMBASADOR | FARMACIST |
| ARTIST | GJEOLOG |
| ASTRONOM | GJUHARI |
| AVOKAT | HIDRAULIK |
| BALERIN | INFERMIERE |
| BANKIER | MUZIKANT |
| GJUETAR | PIANIST |
| HARTOGRAF | PSIKOLOG |

# 64 - Antartide

```
Q U G F G K L B B X M U A E
Q V J O T Q L A U Z I J G K
Ë T E R S S U L H M N S H S
S J O S O F H E H Q E H A P
K U G K T K S N I K R K K E
N H R H U U I A D J A E U D
M S A M M Z D T V D L N L I
Y I F O J Q A I J U E C L T
C I I F T E G B U Y T O N Ë
W P M T L A D P B E C R A A
R U A J T J E I I W S E J K
M I G R I M I W S X J O A U
U X A R U T A R E P M E T L
K O N T I N E N T Z X R I L
```

UJI
MJEDIS
GJI
BALENAT
RUAJTJE
KONTINENT
GJEOGRAFI
AKULLNAJAT
AKULL
ISHUJT

MIGRIMI
MINERALET
RETË
GADISHULL
STUDIUES
ROKI
SHKENCORE
EKSPEDITË
TEMPERATURA

# 65 - Libri

```
D V M D Ë K I P E Q A F K M
A U F T P Z Z G E S S U O E
V T A J H D E L B M U H N S
E R N L Q M O H U M O R T I
N A A S I E P L H L I R E S
T G R T A T L E X U E S K H
U J R Q I N E F Y U K E S K
R I A E R A R T E L I U T R
Ë K T B O V S U O L R J T U
R E O X T E Z S J H O I R A
K O R F S L P A F Z T R I R
W J M B I E O T Y J S K J N
I F J A H R L H J N I A B T
U H X T N A U T O R H B H S
```

AUTOR
AVENTURË
MBLEDHJA
KONTEKST
DUALITET
EPIKË
KRIJUES
LETRARE
LEXUES
NARRATOR

FAQE
POEZI
RELEVANTE
ROMAN
SHKRUAR
SERI
HISTORI
HISTORIKE
TRAGJIKE
HUMOR

# 66 - Geografia

```
J  Z  O  L  A  M  T  Q  A  T  Z  T  I  X
R  U  X  D  U  T  V  V  E  S  L  E  R  U
R  J  G  W  U  M  T  E  A  U  P  R  J  D
S  A  T  L  A  S  I  C  R  A  I  R  H  K
K  O  N  T  I  N  E  N  T  I  H  I  X  W
K  Y  P  E  S  A  H  N  E  S  E  T  C  U
L  Q  E  D  Ë  I  W  N  T  Ë  M  O  A  J
H  U  T  G  R  D  L  Z  Y  T  I  R  Z  C
B  O  T  Ë  E  I  L  A  Q  A  S  I  G  P
D  X  N  M  J  R  U  L  O  J  F  E  A  Q
M  L  O  I  G  E  H  T  T  G  E  F  P  V
R  A  J  O  N  M  S  J  Ë  T  R  A  H  D
P  E  R  Ë  N  D  I  M  F  W  A  J  I  W
L  A  R  T  Ë  S  I  D  N  E  V  E  A  M
```

| | |
|---|---|
| LARTËSI | DET |
| ATLAS | MERIDIAN |
| QYTET | BOTË |
| KONTINENT | MAL |
| HEMISFERA | VERI |
| LUMI | PERËNDIM |
| ISHULL | VENDI |
| GJERËSI | RAJON |
| GJATËSIA | JUG |
| HARTË | TERRITORI |

# 67 - Cibo #1

```
S  R  I  D  C  A  B  M  B  F  H  A  Z  L
S  A  T  O  R  R  A  K  L  V  U  B  L  E
N  P  L  M  Z  K  B  Y  S  P  D  O  L  Z
B  N  I  L  P  H  O  W  K  B  H  R  U  G
J  C  D  N  A  T  O  R  T  Ë  Ë  Z  L  D
K  Q  N  P  A  T  R  K  G  H  R  I  E  X
I  R  G  D  U  Q  Ë  A  T  D  S  L  S  B
H  I  I  G  Z  M  P  N  U  R  D  O  H  X
X  Y  C  P  V  J  E  E  N  A  C  K  T  M
E  O  U  P  Ë  H  R  L  A  D  Y  U  R  I
N  L  Ë  N  G  V  R  L  I  D  H  G  Y  S
E  S  H  E  Q  E  R  Ë  L  B  I  X  D  H
N  Q  S  X  Y  O  V  L  I  M  O  N  H  X
R  R  T  H  S  Ë  M  U  Q  E  P  Ë  E  M
```

| | |
|---|---|
| HUDHËR | NENEXHIK |
| BORZILOK | ELB |
| KANELLË | DARDHË |
| MISH | RREPË |
| KARROTA | KRIPË |
| QEPË | SPINAQ |
| LULESHTRYDHE | LËNG |
| SALLATË | TUNA |
| QUMËSHT | TORTË |
| LIMON | SHEQER |

# 68 - Etica

```
R H H G I D V Q I N B M D R
Q E A N S U L I N D A T H E
M K A G Ë R E F T E S J E S
D I X L R I R O E R H S M P
A T K N I M A Z G S K S B E
S A N H M Z T O R H Ë T S K
H M U J A B M L I M P O H T
A O N R E E S I T Ë U L U U
M L B V T R F F E R N E R E
I P W J Y Ë Ë Q T I I R I S
R I S R D K S Z I A M A I H
Ë D J M S L A I I F I N E Ë
S D I N J I T E T M P C L M
E A R S Y E S H M E I Ë D B
```

DASHAMIRËS
DHEMBSHURI
BASHKËPUNIMI
DINJITET
DIPLOMATIKE
FILOZOFI
MIRËSI
INTEGRITETI
NDERSHMËRIA

DURIM
E ARSYESHME
REALIZMI
RESPEKTUESHËM
URTËSI
TOLERANCË
NJERËZIMI
VLERAT

# 69 - Aeroplani

```
L A R T Ë S I A T E U O H U
L J Ë F U V Ë R U T N E V A
E G R O J R Q S L L E I Q D
D R E J T I M P L I J J W N
P O F K O R N B U K G K L Q
R T S N L J R J M J O A X U
V O O C I A X I B P R R D X
R M M Y P M O R A L D B I Z
U F T G W I I O C A I U Z B
P I A B L M F T E R H R A R
J E B R S M D S R T Z A J I
M P G U S J B I L Ë Z N N T
E K U I P A Z H I S D T I J
P A S A G G J E R H I M N A E
```

LARTËSIA
LARTËSI
AJRI
ATMOSFERË
ULJE
AVENTURË
KARBURANT
QIELL
NDËRTIMI
DIZAJNI

DREJTIM
ZBRITJE
EKUIPAZHI
HIDROGJEN
MOTOR
TULLUMBACE
PASAGJER
PILOT
HISTORI

# 70 - Governo

```
P R S J C Y V G J I B M O K
O O U I R I S Ë T J E R D U
L S L B M X V D U S V X I S
X Ë E I A B C I L I G J I H
Z Q P L T L O Z L N T D C T
K Y Y I P I C L M E Ë I A E
Z J F R D E K I X R F S R T
J G F I Z A R A B O O K K U
U D H Ë H E Q Ë S J L U O T
P A V A R Ë S I A G U T M A
Q Y T E T A R I X I R I E H
K O M B Ë T A R E L I M D O
M O N U M E N T V V T D X K
S H T E T I N L N W Q J I Y
```

UDHËHEQËS
QYTETARI
CIVILE
KUSHTETUTA
DEMOKRACI
TË FOLURIT
DISKUTIM
GJYQËSOR
DREJTËSI
PAVARËSIA

LIGJORE
LIGJI
LIRI
MONUMENT
KOMBËTARE
KOMBI
POLITIKA
SIMBOL
SHTETI
BARAZI

# 71 - Bellezza

```
J  T  S  I  L  I  T  S  Z  R  C  D  R  A
O  D  L  H  G  Ë  R  S  H  Ë  R  Ë  T  B
O  S  R  H  A  N  Q  D  C  R  T  C  F  U
Q  S  U  H  I  M  I  R  G  Y  A  N  N  K
U  W  C  O  L  R  P  E  Y  J  I  A  I  U
K  I  I  T  M  Z  B  O  G  G  E  R  Z  R
Ë  O  F  O  T  O  G  J  E  N  I  K  E  I
Z  L  Z  S  E  L  E  G  A  N  T  E  U  F
U  Ë  A  M  P  R  O  D  U  K  T  E  T  X
B  K  Q  V  E  S  H  Ë  R  B  I  M  E  T
C  U  Z  A  G  T  E  L  E  G  A  N  C  Ë
N  R  D  J  N  J  I  P  A  S  Q  Y  R  Ë
J  Ë  I  R  T  W  E  K  Y  X  U  U  T  L
R  S  V  A  N  H  R  M  Ë  M  O  R  A  S
```

| | |
|---|---|
| NGJYRË | LËKURËS |
| KOZMETIKË | PRODUKTET |
| ELEGANTE | CURLS |
| ELEGANCË | BUZËKUQ |
| BUKURI | SHËRBIMET |
| GËRSHËRË | SHAMPO |
| FOTOGJENIKE | PASQYRË |
| AROMË | STILIST |
| HIR | GRIM |
| VAJRA | |

# 72 - Avventura

```
N G D P M F P D B E Z M E E
A I S Ë R I T H S Ë V U N R
T M Z R E K R G B I U N T R
Y I H G S K N Q C R Z D U E
R Q B A D F S F V Ë F Ë Z Z
A C U T I T I K Q M G S I I
A F K I T M R D U I P I A K
D R U T N E I K A R G I Z S
G E R J H M N H G T S Y M H
J Ë I A I R U G I S V I I M
F K Z I T I N E R A R I O E
N C N I T E T I V I T K A N
H J L X M U D H Ë T I M E T
D E S T I N A C I O N I V F
```

MIQ

AKTIVITETI

BUKURI

TRIMËRI

DESTINACIONI

VËSHTIRËSI

ENTUZIAZMI

EKSKURSION

GËZIM

ITINERARI

NATYRA

I RI

MUNDËSI

E RREZIKSHME

PËRGATITJA

SFIDAT

SIGURIA

UDHËTIMET

# 73 - Forme

```
P T Y O Ë R E F S A B X J D
O U Z V E G R A L E N M M I
L P T A Y S Y E D Y E Ë C N
I Z E L O G P H T N F Z O H
G G R E Y I H S E H S I H D
O E S T L O P O J Z Z R L B
N Z G Y F C S Q A O E P I U
I C R V O T I C K R A H N K
K A P S B H Y U S Q K Z J U
U H I P E R B O L A T O Ë B
R A D I M A R I P N N F N E
V G S L C I L I N D R I J B
E A G E T R E K Ë N D Ë S H
D R E J T K Ë N D Ë S H I A
```

QOSHE
HARK
SKAJET
RRETH
CILINDRI
KON
KUBE
KURVE
ELIPS
HIPERBOLA

ANË
LINJË
OVALE
PIRAMIDA
POLIGONI
PRIZËM
SHESHI
DREJTKËNDËSH
SFERË
TREKËNDËSH

# 74 - Oceano

```
N R Z S K Z A G Q E D P I B
C Z T O K T A P O D E E T A
N G J A L A J F C J L S T T
E K G C Z N R V M N F H S I
Q R O E Q E R Q A H I K T C
A I C L P L O D G L N X U A
K P Ë A F A F F U W Ë V H T
H Ë D K V B A T Y L M T I N
S K E R G O G L U L U A A A
E H T A V A R K Ë N G Y F O
P S I K Z E G X O N A L A K
R E J G N U F S T C X O J H
O R K O R A L Z Q C N C V M
H B K A N D I L D E T I N Z
```

| | |
|---|---|
| NGJALA | GOCË DETI |
| BALENA | PESHK |
| VARKË | OKTAPOD |
| KORAL | KRIPË |
| DELFIN | GUMË |
| KARKALECA | SFUNGJER |
| GAFORRJA | PESHKAQEN |
| BATICAT | BRESHKË |
| KANDIL DETI | STUHI |
| VALËT | TUNA |

# 75 - Famiglia

```
A  L  L  Ë  V  I  H  S  Y  J  G  Y  G  B
I  T  D  N  U  P  A  F  Ë  Z  E  I  J  O
R  M  Ë  R  Y  I  L  D  E  N  L  S  Y  D
Ë  Q  J  R  P  N  L  G  F  U  Ë  B  S  T
J  J  I  T  O  Z  Ë  S  E  B  M  N  H  U
I  N  M  D  M  R  L  E  F  U  Q  O  J  X
M  Z  Ë  C  O  V  E  U  V  U  S  Y  A  J
Ë  K  F  A  T  B  V  A  J  Z  Ë  T  B  A
F  N  A  N  Ë  N  A  K  R  L  I  V  U  W
M  K  J  J  R  W  Z  B  X  D  U  M  R  I
T  I  A  H  X  A  H  X  A  D  B  F  R  G
R  T  U  J  H  W  P  V  W  A  R  O  I  N
Z  I  R  Ë  H  S  U  K  Z  X  M  S  M  J
L  R  G  P  P  A  R  A  A  R  D  H  Ë  S
```

PARAARDHËS
FËMIJË
KUSHËRI
VAJZË
VËLLA
FËMIJËRIA
NËNA
BURRI
NËNËS
GRUAJA

NIPI
MBESË
GJYSHJA
GJYSHI
BABA
ATËRORE
MOTËR
HALLË
XHAXHAI

# 76 - Creatività

```
F I O E K I T S I T R A E I
E R J D J Z R Z M O U Z J G
K R Y U G Z E N A T N O P S
I X V M F H Z D G E E S Y E
T T R Z Ë V S O J N M H T U
A C P I H Z A M I O O P H J
M F D T Q L I C N I C R S I
A X T A M J S M A Z I E R R
R V F Ë Q M E T T I O H Ë K
D U X T S S J I Ë V N J P I
M D Z S O I D D A M E E G L
Y D S N B Q N C Y F T S D R
I N T U I T Ë Q A R T Ë S I
N D J E N J A T L L H D T S
```

| | |
|---|---|
| AFTËSI | PËRSHTYPJE |
| ARTISTIKE | INTUITË |
| QARTËSI | KRIJUES |
| DRAMATIKE | FRYMËZIM |
| EMOCIONET | NDJESI |
| SHPREHJE | NDJENJAT |
| IDE | SPONTANE |
| IMAGJINATË | VIZIONET |
| IMAZHI | |

# 77 - Veicoli

```
A H O B I Ç I K L E T Ë X K
U E S Ë T E D N Ë N P X X A
T L W U C G A N I K A M T M
O I W X B Ë T E K A R F H I
B K D X S K V M R N Q Q G O
U O H E R R V E O O C C A N
S P R V N A V R A K P Q C E
W T Z T B V S U V J F L N X
Q E G P E I P K J L M R A D
N R O T O M Q Y U M Q A L N
Y E G O M A H L S T F F U E
T R A G E T F V K H E T B R
R S H T A K S I N C D R M T
T R A K T O R A S S O W A A
```

AEROPLAN
AMBULANCA
MAKINA
AUTOBUS
VARKË
BIÇIKLETË
KAMION
KARVAN
HELIKOPTER
METRO

MOTOR
GOMA
RAKETË
SKUTER
NËNDETËSE
TAKSI
TRAGET
TRAKTOR
TREN
RAFT

# 78 - Natura

```
S H E N J T Ë R O R J A G P
S B J B U K U R I H U V J Y
T S H E J B K F N R V S E L
N Z H K E S I M U L B C T L
V Ë R I T Ë T E R K H S H L
U C Y M R R K A G J I G O U
V X P A B E R O S Ë T E J G
Q P Z N Y Y A B P V R S B E
X E I I T Ë H S F A K W K J
K S T D C X H J Y L B X P M
O I H Ë M A L E T Ë T E L B
E R O Z I O N I R W U G J P
A K U L L N A J Ë T E R Q M
R V T R O P I K A L S T N J
```

KAFSHËT
BLETËT
ARKTIK
BUKURI
SHKRETËTIRË
DINAMIKE
EROZIONI
LUMI
GJETH
PYLL

AKULLNAJË
MALET
MJEGULL
RETË
STREHË
SHENJTËRORJA
I EGËR
QETË
TROPIKAL
JETËSORE

# 79 - Balletto

```
M A K I Z U M K E Y P Q I G
U F O T E K N I K Ë R X N J
S T M Ë H S D N Ë K O C T E
K Ë P V C A Z K D H V P E S
U S O J I N G A C Y A R N T
J I Z B A L E R I N A A S O
T M I W T S Q I Z H U K I R
M Ë T I R D T B D Z Y T T K
Q K O S V B V I Y U Y I E E
D W R K O E B L L Q A K T S
A R T I S T I K E I U Ë I T
D U A R T R O K I T J E K Ë
K O R E O G R A F I B H S R
L O V L S H P R E H Ë S E J
```

AFTËSI
DUARTROKITJE
ARTISTIKE
BALERINA
KOMPOZITOR
KOREOGRAFI
SHPREHËSE
GJEST
KËNDSHËM
INTENSITETI

MUSKUJT
MUZIKA
ORKESTËR
PRAKTIKË
PROVA
AUDIENCË
RITËM
STILI
TEKNIKË

# 80 - Paesi #1

```
R K A R I R M P L I Z A R B
I U A U I I A A I Z Q Q G V
M D M M C Y R N B R X L A H
X V H A B P O A I A T Ë H O
G E X D N O K M L E P J A T
J N W N S I X A A L I N D I
E E Q A E N N H M I J A A O
R Z C L N O N O I T G P N S
M U Q N E L O K R A E S A Z
A E V I G O T A A V W X K I
N L R F A P A W F D E X E D
I Ë X V L G C K C D G G O I
V I E T N A M F F Z A O J D
V B R H Q W S D X V V H X I
```

| | |
|---|---|
| BRAZIL | MALI |
| KAMBOXHIA | MAROK |
| KANADA | NORVEGJI |
| EGJIPT | PANAMA |
| FINLANDA | POLONI |
| GJERMANI | RUMANI |
| INDI | SENEGAL |
| IRAK | SPANJË |
| IZRAELIT | VENEZUELË |
| LIBI | VIETNAM |

# 81 - Geometria

```
N U T V E R T I K A L E K P
L Q W F I N G E I H X Z U A
E K T R E K Ë N D Ë S H R R
X L L L O G A R I T J A V A
D I A M E T R I R P U Ë E L
E R A T A S E M A V Y K X E
P L P I N O I S N E M I D L
T E O R I O S C C Y K J N R
G L F L N L Z I K B Ë G U R
P J E S Ë S S I M V N O M E
S E G M E N T D R E D L Ë T
E K U A C I O N I O T X R H
S I P Ë R F A Q E I H R A R
L A R T Ë S I A Z U T T I S
```

| | |
|---|---|
| LARTËSIA | NUMËR |
| KËND | HORIZONTALE |
| LLOGARITJA | PARALEL |
| RRETH | PJESË |
| KURVE | SEGMENT |
| DIAMETRI | SIMETRI |
| DIMENSIONI | SIPËRFAQE |
| EKUACIONI | TEORI |
| LOGJIKË | TREKËNDËSH |
| MESATARE | VERTIKALE |

# 82 - Foresta Pluviale

```
R O X N B O T A N I K P Z E
E Q H A T R A M I L K N G Z
S G U T N A A J T J A U R M
T J N Y V S U E E Y I H G P
A I G R K E F D T M N D P S
U T Ë A I T E T I N U M O K
R A L Ë A E L Ë S G L O I B
I R C R H J L B R N J R W N
M Ë F E I I O I E Ë T E R M
I T V L N B J F V L K B N Y
E T Q V Z M E M I J Q D F S
S T R E H Ë T A D M R Z Q H
W J C M B I N S E K T E T K
K C U E H R E S P E K T G O
```

AMFIBËT
BOTANIK
KLIMA
KOMUNITETI
DIVERSITETI
XHUNGËL
AUDIGJEN
INSEKTET
GJITARËT
MYSHK

NATYRA
RETË
RUAJTJA
ME VLERË
RESTAURIMI
STREHË
RESPEKT
MBIJETESA
LLOJET

# 83 - Edifici

```
S H D A M E N I K A S G O C
U W A N M E N S T G H M B F
P Ë K I R B A F Z K K E S S
E F O B O S A K N N O Q E P
R E S A T T L S R Z L A R I
M R D K A A L E A G L P V T
A M A A R D E F B D A A A A
R Ë Ç S O I J T M J A R T L
K Q A V B U T Y A L E T O H
E P D X A M H N H G Z A R M
T D Ë O L I S Q G O U M I X
C G R A E T Ë M X N M E E P
K U L L Ë S K L U H A N V S
T E A T R I A A J B S T H F
```

AMBASADA
APARTAMENT
KABINA
KËSHTJELLA
KINEMA
FABRIKË
FERMË
HAMBAR
HOTEL
LABORATOR

MUZE
SPITAL
OBSERVATORI
SHKOLLA
STADIUMI
SUPERMARKET
TEATRI
ÇADËR
KULLË

# 84 - Paesi #2

```
M F Q B A G E Q G U T O K Y
J O S I Z R D T A S U D A N
N M I V Z E A P I R O D E X
C Q P Z Q Q N A R O I A G H
N E P A L I I K E U P Y L A
Ë P M Z I F M I B G H I S M
K Ë Q Q N X A S I A H Y H A
I N K G D H R T L N Z J Q J
S I R I O A K A X D Z A I K
K A X X N I Ë N S Ë E P P A
E R T J E T K P C A X O Ë Z
M K C R Z I R E G I N N R H
R U S I I M Y L X N N I I O
I R L A N D A F Q Y D N A H
```

SHQIPËRIA
DANIMARKË
ETIOPI
XHAMAJKA
JAPONI
GREQI
HAITI
INDONEZI
IRLANDA
LAOS

LIBERI
MEKSIKË
NEPAL
NIGERI
PAKISTAN
RUSI
SIRI
SUDAN
UKRAINË
UGANDË

# 85 - Tipi di Capelli

```
R E E B A R D H Ë L L O H I
N T E N D U R N D O G T Q D
M R E P G E S L O W J H N N
Ë A T E H S R Ë G J C A D E
H S K W K A I L L R B T A J
S H A M O N N C U S P Ë J G
T Ë Ç T E D N O E M G Y D R
E X U P U N K A F E X O B A
D B R W B L G A I X W C U K
N A R U X M L J B K D U T C
Ë D E Q O F T A Y R G R Ë B
H G L E Z E Z Ë C R O L O M
S D O G J A T Ë F L Ë S I L
I S H K U R T Ë R V R I I O
```

| | |
|---|---|
| ARGJENDI | KAFE |
| THATË | BUTË |
| E BARDHË | E ZEZË |
| BJOND | ME ONDE |
| I SHKURTËR | KAÇURREL |
| TULLAC | CURLS |
| ME NGJYRË | I SHËNDETSHËM |
| GRY | I HOLLË |
| ENDUR | E TRASHË |
| GJATË | GËRSHETA |

# 86 - Vestiti

```
M Q R X K E W B R H S J L I
G J D D G Ë Z U L B K L E Z
K Z E F J G M G E D A K H Z
W Z O Z D X P I R R J R Z G
R Q G E I J S M S T H N D S
K A P E L Ë H O P H T A B M
D Z M T R O A D A B Ë D X V
M E F A R V L A L Y S R H E
U R T B H I L H L Z A E A S
O O O S K Z K A T Y N J K H
V D B K G A I O O L D G E J
X H I N S S K P F Y A T T E
P L A T F O R M Ë K L H Ë T
P A N T A L L O N A E D S L
```

| | |
|---|---|
| VESHJE | PLATFORMË |
| BYZYLYK | DOREZA |
| BLUZË | XHINS |
| KËMISHË | TRIKO |
| KAPELË | MODA |
| PALLTO | PANTALLONA |
| RRIP | PIZHAMA |
| GJERDAN | SANDALE |
| XHAKETË | MBATH |
| SKAJ | SHALL |

# 87 - Attività e Tempo Libero

```
P D G B Z K L L O B T U F Z
I M T O H A G D W A S T Q S
K P E K Y M N Y N S W T Q W
T O N S T P I M I K H S E P
U Y I F J I K O J E K N R B
R D S N E N I D F T R A X E
A K R C Q G H N M B S T H J
V O L E J B O L L O Ë L O S
K O P S H T A R I L R L B B
U D H Ë T I M I A L F O I O
Y D Q S S Ë T U B Z W T X L
V G O L F D L G W P A W Y L
U F K A R L V D P G I P G I
L W U W Y R M B X P L N G K
```

| | |
|---|---|
| ART | ZHYTJE |
| BEJSBOLLI | NOT |
| BASKETBOLL | VOLEJBOLL |
| BOKS | PESHKIMI |
| FUTBOLL | PIKTURA |
| KAMPING | ZBUTËS |
| HIKING | PAZAR |
| KOPSHTARI | SËRF |
| GOLF | TENIS |
| HOBI | UDHËTIMI |

# 88 - Arte

```
H Q S F P Ë R B Ë R J A S S
I U E U N D E R S H Ë M K I
O Z M L R V I Z U A L E U M
A I O O D E N D I T U U L B
J J L J R Y A R U G I F P O
V S J A Y T P L S I G V T L
S V H U O Z Z I I V V E U F
K R I J O N I T K Z V O R O
E Q E R A M I K E T M M Ë F
L X V W L I Z E O P U I T M
P L E L H S S J H H Q R R A
M M J I M R R B E E L L A P
O Y F L C R A U Z Ë M Y R F
K Q P I Ë T H S E J H T E C
```

QERAMIKE
KOMPLEKS
PËRBËRJA
KRIJONI
PIKTURA
FIGURA
FRYMËZUAR
NDERSHËM

POEZI
SKULPTURË
E THJESHTË
SIMBOL
SUBJEKT
SUREALIZMI
HUMOR
VIZUALE

# 89 - Meteo

```
R U R T W T Y K B Q D S E A
R U M G F O L L U K A R E E
U X O T W F B H M U S O N R
F R D C Y Q E Q X I Y Y A Q
E A O D A N R O T P D K M I
B E T C A K F Q S T U H I E
A U N M U L V B H R Q I L L
I P B T O L L U G E J M K L
S O F U J S O F T H A T Ë F
Ë L U J L Z F L A G Ë S H T
T A L J E L C E Z Q V R B X
A R N K Y H I A R D S G H R
H E Y P S E S M X Ë N O T L
T R O P I K A L I V H G S S
```

| | |
|---|---|
| YLBER | RE |
| THATË | POLARE |
| ATMOSFERË | THATËSIA |
| FLLAD | STUHI |
| QIELL | TORNADO |
| KLIMA | TROPIKAL |
| RRUFE | BUBULLIM |
| AKULL | LAGËSHT |
| MUSON | ERA |
| MJEGULL | |

# 90 - Corpo Umano

```
Z A X U D S E N V R B H Z H
Z T B S V A V B M O I I H K
S Y W I B C A N A R Y T Y F
R R K J M N P L Y R R Ë B B
F U U Q T F I R Ç Y K A J G
K L I X F B T O R E G J H E
Z E E P Z D H G O J A P A I
R Q O M B I S R S L Y U A B
A Z A Z T E I V Ë B M Ë K U
A P E J E A G I R U R T G J
H U N D Ë M T D U J S R J M
H S X U R Y R Ë K E J M U T
U I E Z O W Z A Ë K O K Ë A
J Z C V D S G Z L Q A F Ë F
```

| | |
|---|---|
| GOJA | DORË |
| KYÇRI | MJEKËR |
| TRURI | HUNDË |
| QAFË | SY |
| ZEMRA | VESH |
| GISHTI | LËKURËS |
| FYTYRA | GJAK |
| KËMBË | SUP |
| GJU | BARK |
| BËRRYL | KOKË |

# 91 - Mammiferi

```
D E M M A J M U N D P R G I
D S R W U O H P N E S J J B
N F U A F I D E Y L R E I Z
W B A G Z U R Z M F S Z R J
Y W I G B W E S G I M J A H
E Z D R S B R U G N A K F O
F K E E L E F A N T I S Ë U
B O L T R I U M A T U H L B
M A E P T Q J B F R B J A I
A F L Q K O J O T Ë I M K R
C O M E N K W D G B N U O U
E K S C N E Q C B E A D L P
L S Y W M A B U E Z U V U E
R X G O R I L L A G L G Z L
```

| | |
|---|---|
| BALENA | GJIRAFË |
| QEN | GORILLA |
| KANGUR | LUANI |
| KALË | UJKU |
| DRE | ARIU |
| LEPURI | DELE |
| KOJOTË | MAJMUN |
| DELFIN | DEM |
| ELEFANTI | FOKS |
| MACE | ZEBËR |

# 92 - Animali Domestici

```
T P J P U K O T E L E A A F
G T V E S Q B T P U T R A T
Q U N S H T S F K R G V F R
V E Z H Q A H A R D H U C Ë
U H N K I R U P E L X Z Y C
W E G U M T Y Q V N N M E U
M C V S S E D Y R C R A H E
B I S H T H H C V E B C Z O
T V P Q W T I L O P Ë E J Q
Y E M R J K U J X Y Q Q A E
P A P A G A L L U F E J K N
L L O J B R E J T Ë S I Ë M
B R E S H K Ë Y X P H H P I
V E T E R I N E R J N B J U
```

| | |
|---|---|
| UJI | KOTELE |
| KTHETRAT | MACE |
| QEN | HARDHUCË |
| DHI | LOPË |
| USHQIM | PAPAGALL |
| BISHT | PESHK |
| JAKË | BRESHKË |
| LEPURI | MIU |
| LLOJ BREJTËSI | VETERINER |
| QENUSH | PUTRAT |

# 93 - Giardinaggio

```
L N U B S L F S M T R H M A
F L G A M I L K O G J E T H
U Z O R P M E P A R O Ç W E
D N O J Ë Ë T E Q U B P A K
C Z B J E N Ë F B Z Z E S Z
E D R I R T S V P V P M E O
B O T A N I K H X M I I Z T
Ç E L S E J F S Ë F S S O I
T O K Ë S U Q A B M L H N K
E N Ë Y D M N R R Z L T A E
M K E S L U C H K A Ë E L O
L U L E S Y Z E E C K I E K
I T H S Ë G A L E P U Z M N
W T V H F Q P P L H C D L S
```

| | |
|---|---|
| UJI | GJETH |
| BOTANIK | PEMISHTE |
| KLIMA | BUQETË |
| NGRËNSHËM | FARA |
| PLEHRASH | LLOJET |
| ENË | PISLLËKU |
| EKZOTIKE | SEZONALE |
| ÇEL | TOKËS |
| LULES | ÇORAPE |
| FLETË | LAGËSHTI |

# 94 - Universo

```
S E H K O Z M I K E S F A G
O D O D I E L L O R E L D A
L U R H E M I S F E R A D L
S K I M O N O R T S A T T A
T S Z D A Q Y D M U N I E K
I H O E I T I H W Z Ë B L T
C M N B N O M E B L H R E I
I E T I A A R O L A F O S K
S R N D Z P F E S L X S K Ë
G J A T Ë S I A T F O K O C
I Q I E L L O R E S E A P M
T D J M O N O R T S A R X M
E R R Ë S I R Ë Z K D B Ë W
G F G J E R Ë S I F Z V W S
```

ASTEROIDI
ASTRONOMI
ASTRONOM
ATMOSFERË
ERRËSIRË
QIELLORE
QIELL
KOZMIKE
HEMISFERA
GALAKTIKË

GJERËSI
GJATËSIA
HËNA
ORBITA
HORIZONT
DIELLORE
SOLSTIC
TELESKOP
E DUKSHME

# 95 - Jazz

```
A L B U M S K R E F N C C M
Z H A N Ë R O I R E T A B Y
G X C T N R N T R R F N B Y
H L D W C V C Ë K I N K E T
O Z G V N A E M T A L E N T
B R C O A J R Ë B R Ë P E A
C G K R R O T I Z O P M O K
Y V H E M I Z I V O R P M I
L M Ë H S M A F I L I T S Z
G R S T L T A R T I S T N U
T H E K S I Ë F P L B Q V M
C E J T I K O R T R A U D A
U I V J E T Ë R E X V Z H K
H N C W K Ë N G Ë Z T Z T N
```

| | |
|---|---|
| ALBUM | ZHANËR |
| DUARTROKITJE | IMPROVIZIM |
| ARTIST | MUZIKA |
| BATERI | I RI |
| KËNGË | ORKESTËR |
| KOMPOZITOR | RITËM |
| PËRBËRJA | STILI |
| KONCERT | TALENT |
| THEKSI | TEKNIKË |
| I FAMSHËM | I VJETËR |

# 96 - Vacanze #2

```
K E S H D E T J X Ç B P R W
F O T R O P O R E A G A E A
O B H E W T E B G D I S S S
T M R A T N E R Ë I A T T T
O A D P E O N L D R I P O T
G Q I Y L L T V I Z A O R A
R L H G A A I H V N Z R A K
A Y U N M K Z R L D D T N S
F G A I X D O H Ë C G Ë T I
I A J P L P I S H U L L T I
T U S M I T Ë H D U G P R G
Ë T R A N S P O R T I C G C
F S R K H A R T Ë Y G H D B
D E S T I N A C I O N I G R
```

| | |
|---|---|
| AEROPORT | RESTORANT |
| KAMPING | PLAZH |
| DESTINACIONI | I HUAJ |
| FOTOGRAFITË | TAKSI |
| HOTEL | KOHA E LIRË |
| ISHULL | ÇADËR |
| HARTË | TRANSPORTI |
| DET | TREN |
| MALET | UDHËTIM |
| PASAPORTË | VIZA |

# 97 - Attività

```
L C G Q K O J M H P O W K K
A E T T E A I T E U J G Ë O
K J X G U R M D U P T M N P
T H W I T M A P H Z L T A S
I D C M M P C M I M T T Q H
V O B I A I N P I N F Z Ë T
I L K K M A G J I K G A S A
T Ç A H G F N O V D A N I R
E N R S I M I Z Ë L L A V I
T T Ë E N I K B M C M T R A
I E J P E Q I R L G I E Y X
T Y O N Y I H S P P N T Q Y
W E L A F T Ë S I K Q T J L
F O T O G R A F I Z T V X I
```

| | |
|---|---|
| AFTËSI | FOTOGRAFI |
| ART | KOPSHTARI |
| ZANATET | LOJËRA |
| AKTIVITETI | LEXIMI |
| GJUETIA | MAGJI |
| KAMPING | PESHKIMI |
| QERAMIKA | KËNAQËSI |
| QEPJE | ENIGMA |
| VALLËZIMI | ÇLODHJE |
| HIKING | |

# 98 - Diplomazia

```
T E G K O M U N I T E T I H
S R P P J J P W J A F Ë R A
I A A T D R D I S K U T I M
G T Z K C A O I Z I E U D D
U E E X T C P Z L T T L J I
R T P L B A O Z R I I O A P
I Y S R J H T L O L K Z M L
A Q J C P U K I D O A E B O
Q E V E R I S Ë A P T R A M
D R E J T Ë S I S L S N S A
K Ë S H I L L T A R N D A T
Z G J I D H J E B J E C D I
K O N F L I K T M K I L A K
G Z G G V F N G A M H G H E
```

| | |
|---|---|
| AMBASADA | ETIKA |
| AMBASADOR | DREJTËSI |
| QYTETARE | QEVERISË |
| KOMUNITETI | POLITIKA |
| KONFLIKT | REZOLUTË |
| KËSHILLTAR | SIGURIA |
| DIPLOMATIKE | ZGJIDHJE |
| DISKUTIM | TRAKTATI |

# 99 - Forniture Artistiche

```
K G V B A A S P A L D Z S A
A J L O K R P Y K A M E R A
R D A J R G Ë A Z D S G K M
R G V Ë I J J T S T W T G F
I Q A R L I O W E T W U O A
G V J A I L B U F L E X M N
E B X U K Ë S U X X L L Ë T
Y T E J N G J I T Ë S E E A
L A J I T N F J J B X I Z Z
W R A L O L I U Q F W D E I
Q Y M Y R D R U R I U E D A
X J K Ë M B A L E C Q R N Y
U G T A B E L A A K R X C K
X N D V A V S N A T E N D A
```

UJI

BOJËRA UJI

AKRILIK

ARGJILË

QYMYR DRURI

LETËR

KËMBALEC

NGJITËS

NGJYRAT

FANTAZIA

GOMË

IDE

BOJË

LAPSA

VAJ

PASTELE

KARRIGE

FURCA

TABELA

KAMERA

# 100 - Misurazioni

```
P C M I L F E P I V R K D L
K I R I I N Ç P T Ë J I H A
I R N Q N O T H H L N L J R
L Ë Ë T J U H M E L T O E T
O T Ë T Ë B T S L I V G T Ë
M E D Q I P J Ë L M V R O S
E M A R G L A T Ë I H A R I
T I R X I Z B A S N O M E A
Ë T G S C G J M I N N E V Y
R N Q L C A T D A Z S W S S
P E S H A I S Ë R E J G I R
M C W A E D J W C C T D H L
K O G T G I X V U I D K H P
G J A T Ë S I A J A D H Y R
```

LARTËSIA
BAJT
CENTIMETËR
KILOGRAM
KILOMETËR
DHJETORE
GRADË
GRAM
GJERËSIA
LITËR

GJATËSIA
MATËS
MINUTË
ONS
PESHA
PINTË
INÇ
THELLËSI
TON
VËLLIMI

## 1 - Scacchi

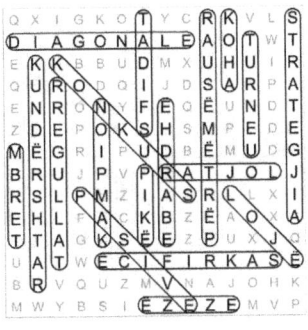

## 2 - Salute e Benessere #2

## 3 - Aggettivi #2

## 4 - Ingegneria

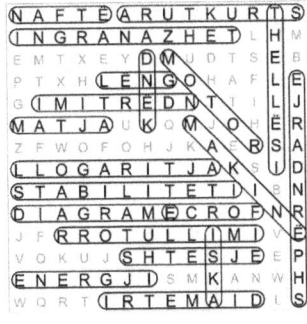

## 5 - Archeologia

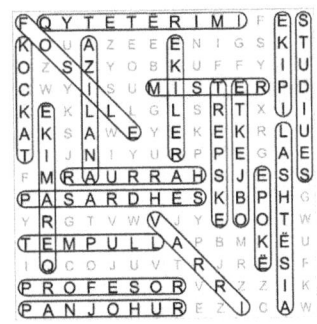

## 6 - Salute e Benessere #1

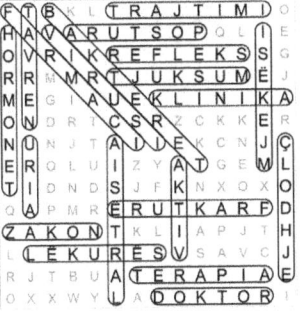

## 7 - Aggettivi #1

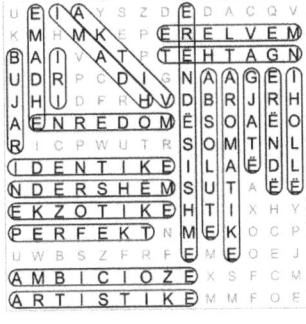

## 8 - Geologia

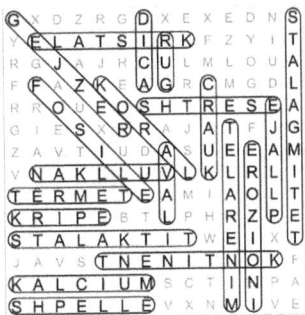

## 9 - Campeggio

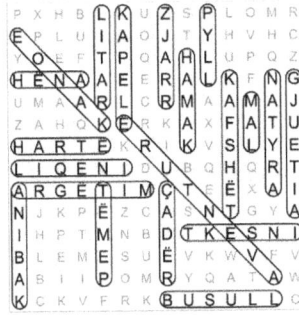

## 10 - Arti Visive

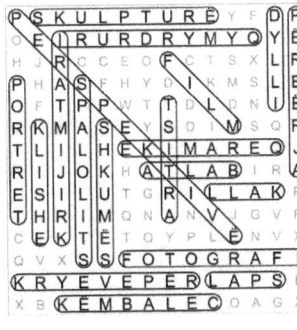

## 11 - Tempo

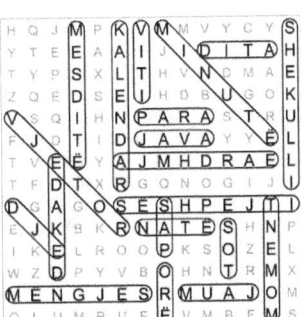

## 12 - Astronomia

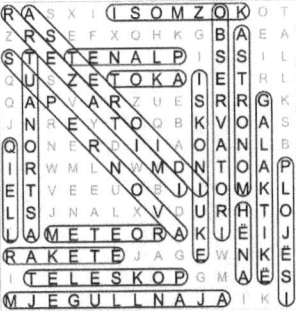

## 13 - Circo

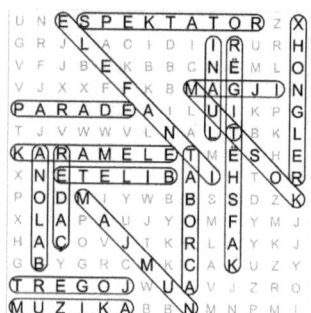

## 14 - Algebra

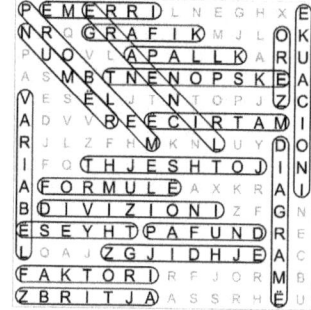

## 15 - Mitologia

## 16 - Piante

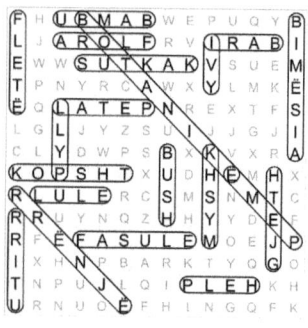

## 17 - Spezie

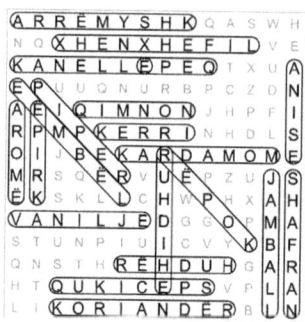

## 18 - Cioccolato

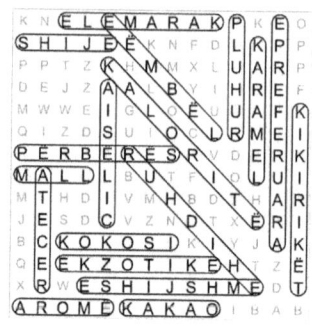

## 19 - Guida

## 20 - I Media

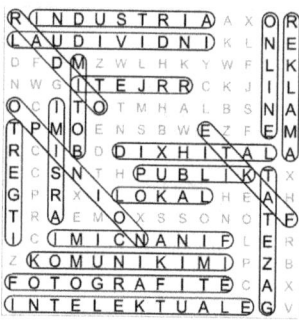

## 21 - Forza e Gravità

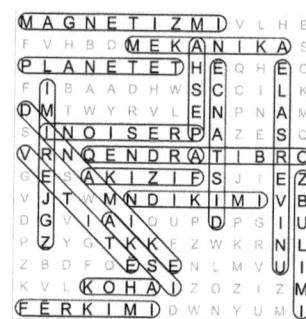

## 22 - Sport

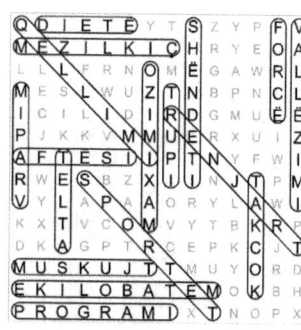

## 23 - Uccelli

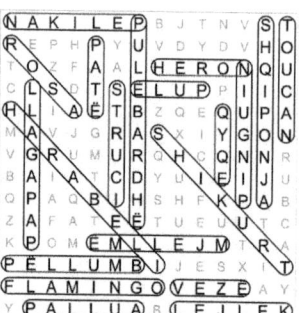

## 24 - Giorni e Mesi

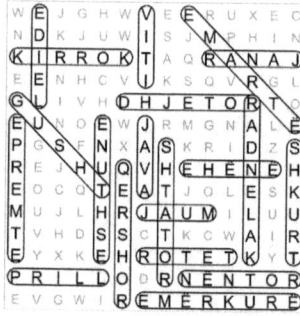

## 25 - Casa

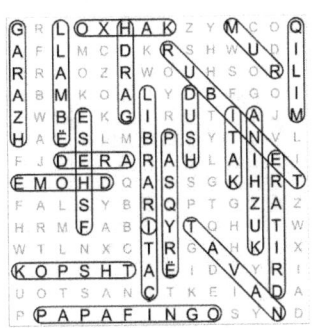

## 26 - Fantascienza

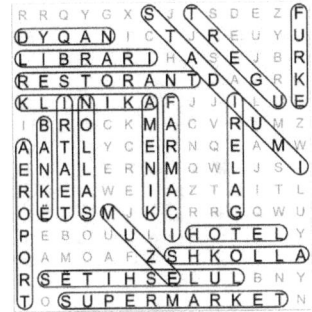

## 27 - Città

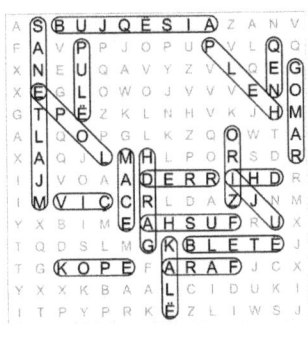

## 28 - Fattoria #1

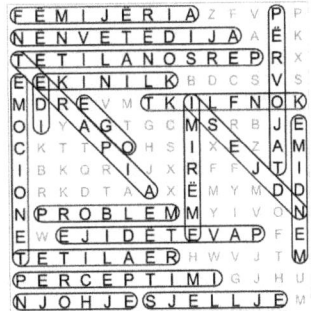

## 29 - Psicologia

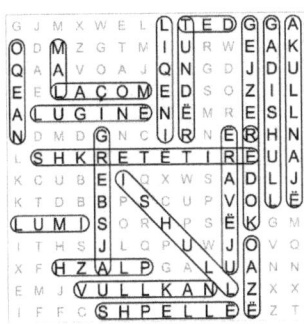

## 30 - Paesaggi

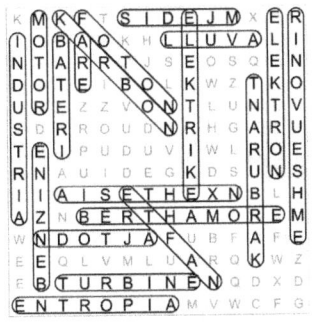

## 31 - Energia

## 32 - Ristorante #2

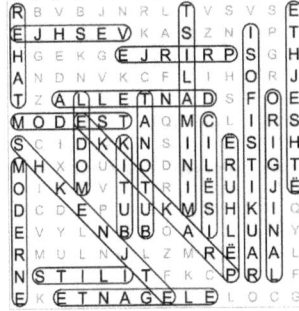

## 33 - Moda

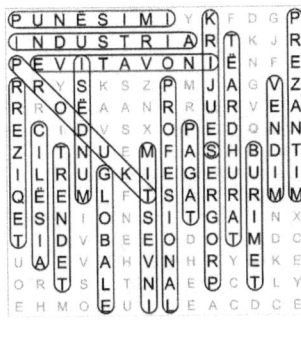

## 34 - L'Azienda

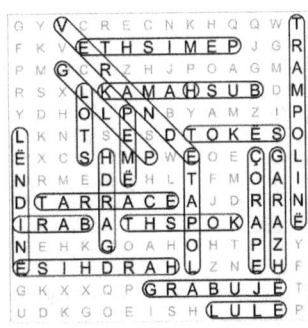

## 35 - Giardino

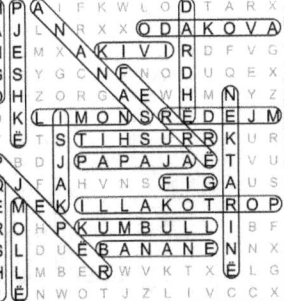

## 36 - Frutta

## 37 - Fattoria #2

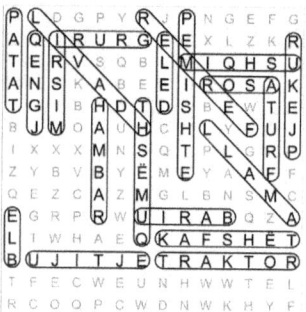

## 38 - Verdure

## 39 - Musica

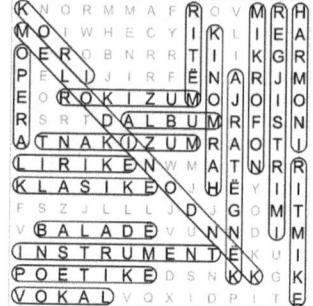

## 40 - Barbecue

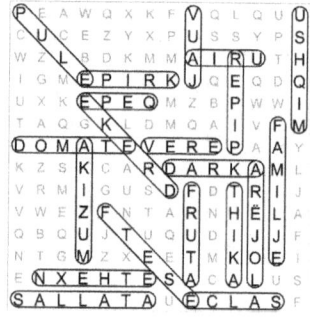

## 41 - Riempire

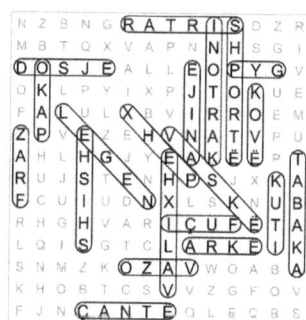

## 42 - Insetti

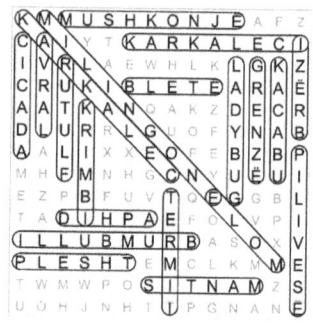

## 43 - Fisica

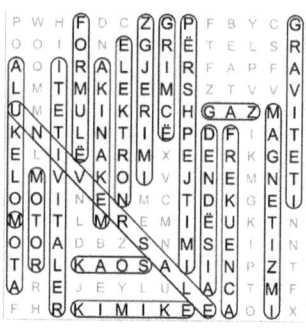

## 44 - Erboristeria

## 45 - Attività Commerciale

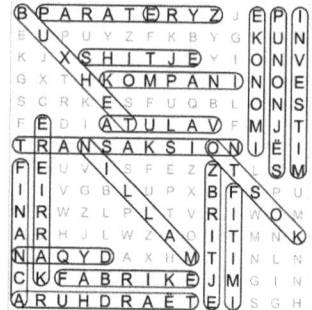

## 46 - Fiori

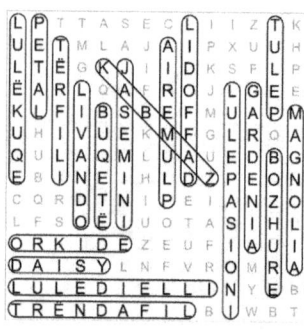

## 47 - Filantropia

## 48 - Discipline Scientifiche

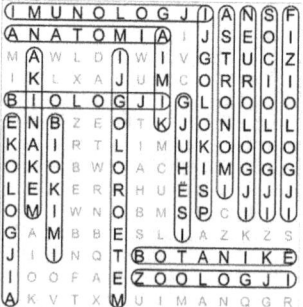

## 49 - Scienza

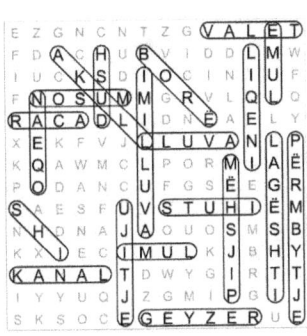

## 50 - Acqua

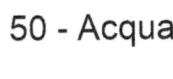
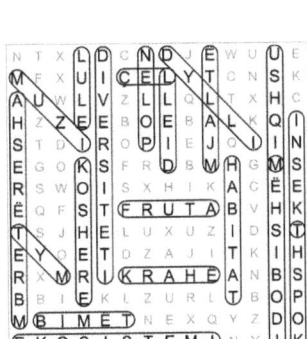

## 51 - Imbarcazioni

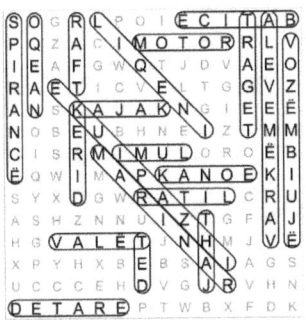

## 52 - Chimica

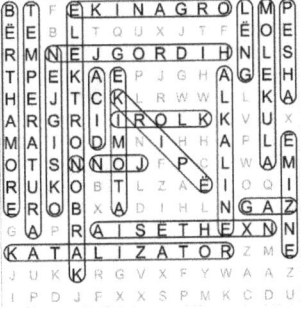

## 53 - Api

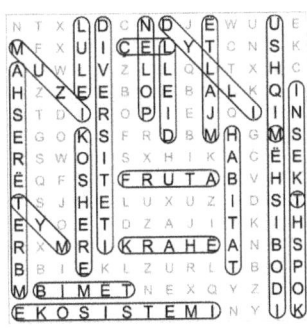

## 54 - Strumenti Musicali

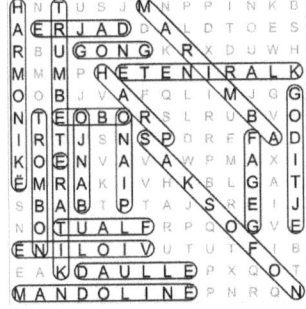

## 55 - Professioni #2

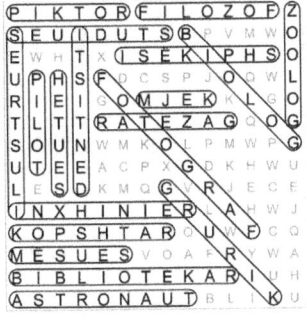

## 56 - Letteratura

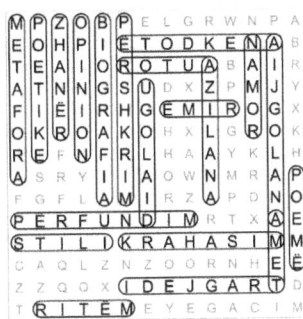

## 57 - Cibo #2

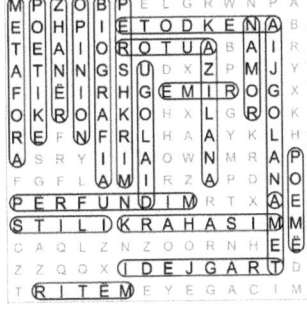

## 58 - Nutrizione

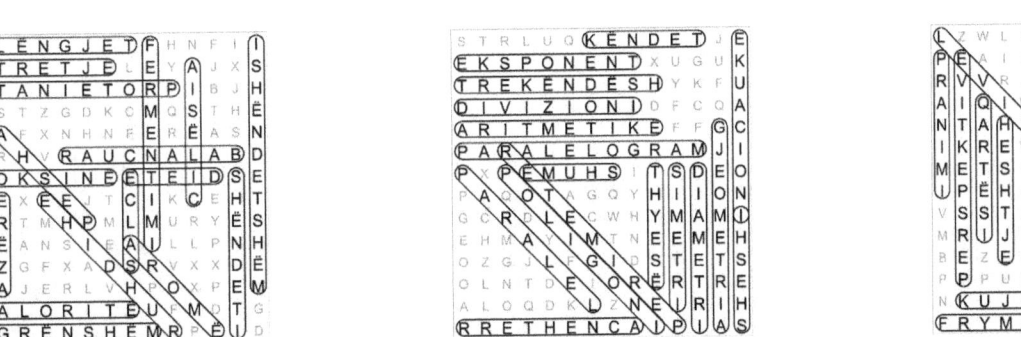

## 59 - Matematica

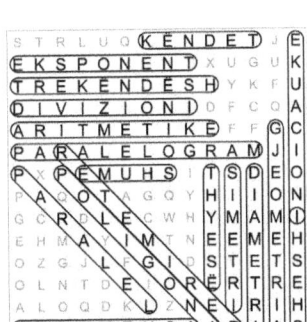

## 60 - Meditazione

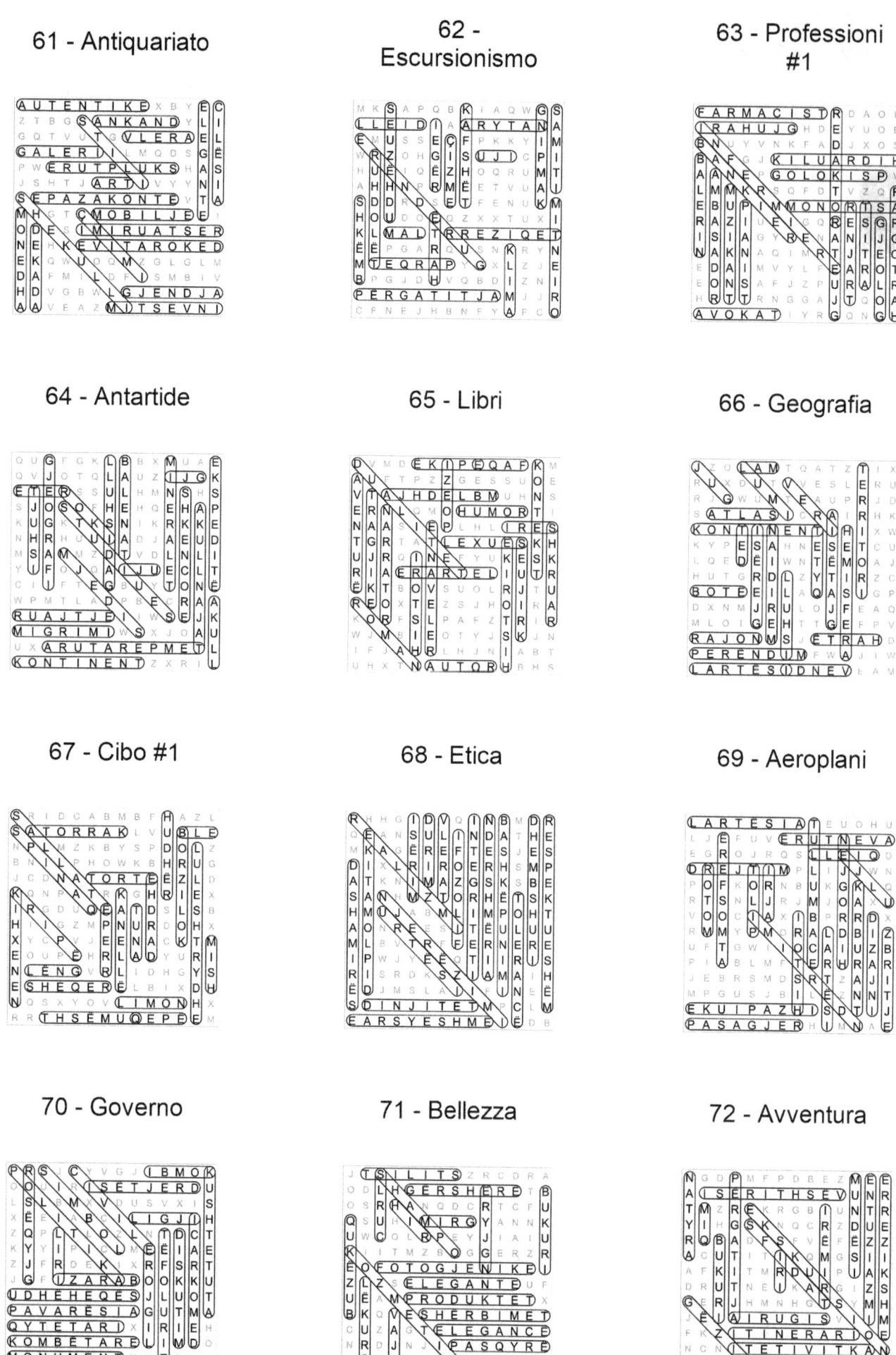

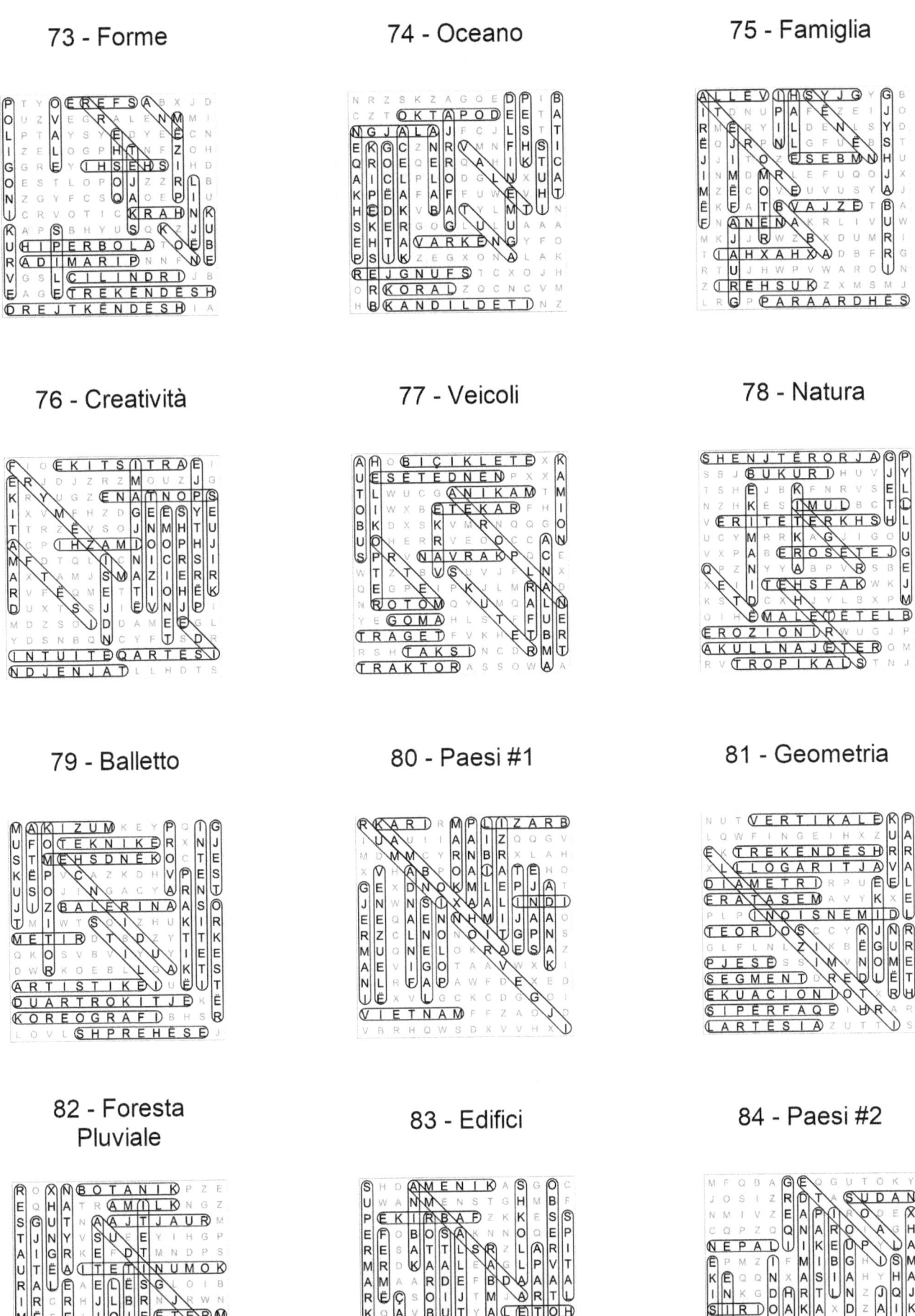

## 73 - Forme

## 74 - Oceano

## 75 - Famiglia

## 76 - Creatività

## 77 - Veicoli

## 78 - Natura

## 79 - Balletto

## 80 - Paesi #1

## 81 - Geometria

## 82 - Foresta
Pluviale

## 83 - Edifici

## 84 - Paesi #2

# 85 - Tipi di Capelli

# 86 - Vestiti

# 87 - Attività e Tempo Libero

# 88 - Arte

# 89 - Meteo

# 90 - Corpo Umano

# 91 - Mammiferi

# 92 - Animali Domestici

# 93 - Giardinaggio

# 94 - Universo

# 95 - Jazz

# 96 - Vacanze #2

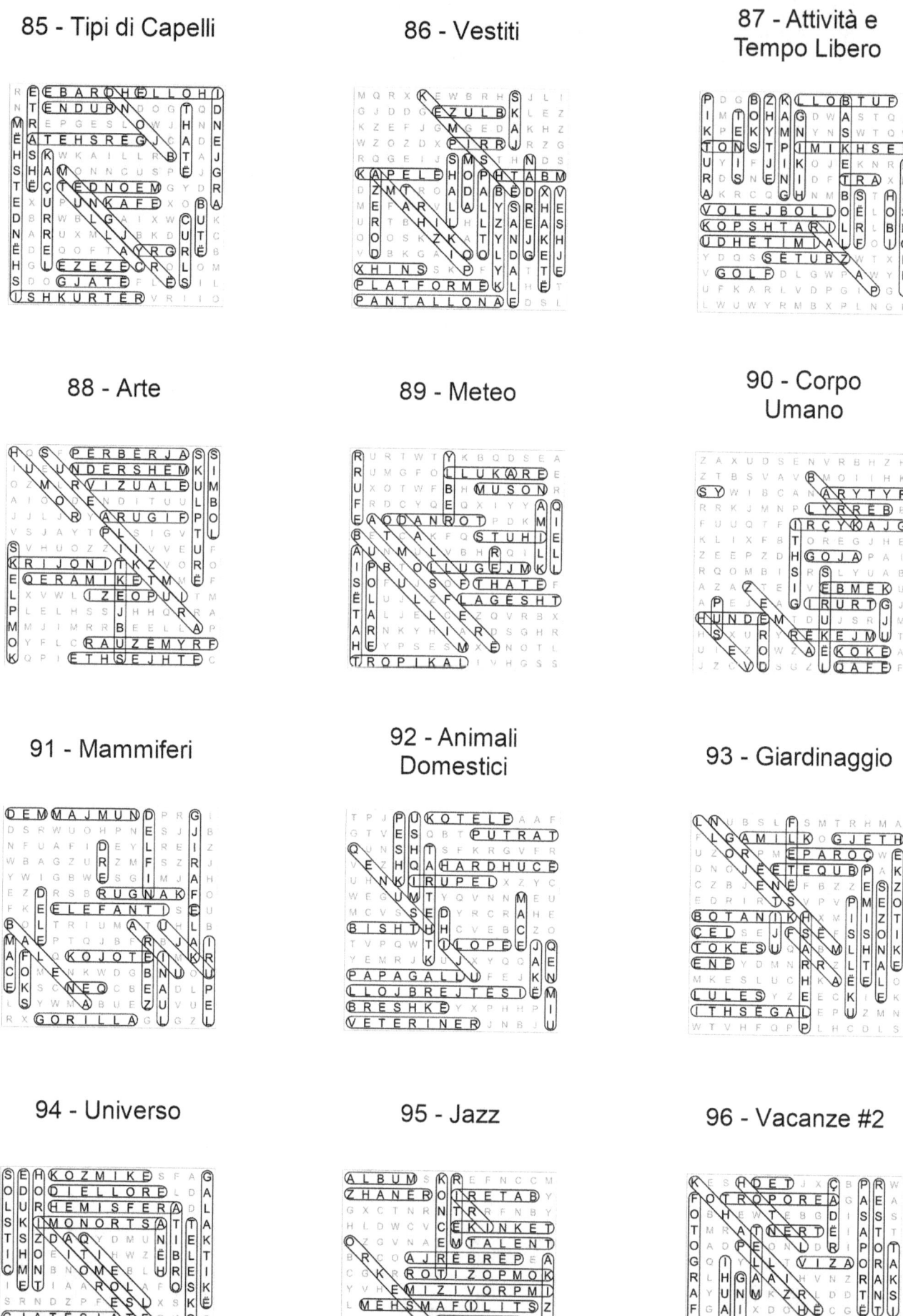

## 97 - Attività

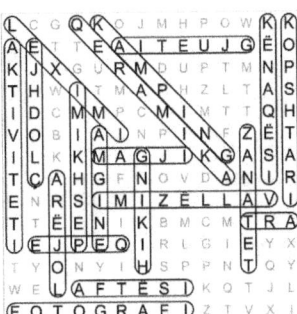

## 98 - Diplomazia

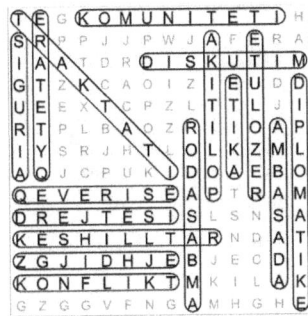

## 99 - Forniture Artistiche

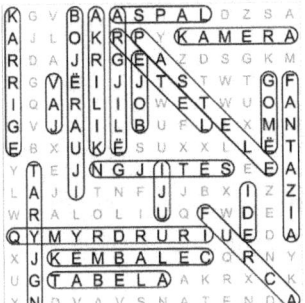

## 100 - Misurazioni

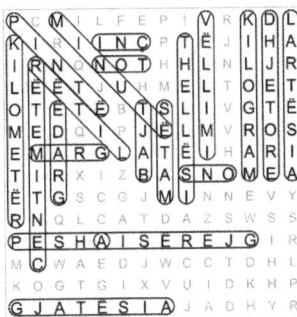

# Dizionario

## Acqua
### Uji

| | |
|---|---|
| Alluvione | Përmbytje |
| Canale | Kanal |
| Doccia | Dush |
| Evaporazione | Avullimi |
| Fiume | Lumi |
| Flusso | Lumë |
| Gelo | Acar |
| Geyser | Geyzer |
| Ghiaccio | Akull |
| Irrigazione | Ujitje |
| Lago | Liqeni |
| Monsone | Muson |
| Neve | Borë |
| Oceano | Oqean |
| Onde | Valët |
| Pioggia | Shi |
| Potabile | Pijshëm |
| Umidità | Lagështi |
| Uragano | Stuhi |
| Vapore | Avull |

## Aeroplani
### Aeroplanët

| | |
|---|---|
| Altezza | Lartësia |
| Altitudine | Lartësi |
| Aria | Ajri |
| Atmosfera | Atmosferë |
| Atterraggio | Ulje |
| Avventura | Aventurë |
| Carburante | Karburant |
| Cielo | Qiell |
| Costruzione | Ndërtimi |
| Design | Dizajni |
| Direzione | Drejtim |
| Discesa | Zbritje |
| Equipaggio | Ekuipazhi |
| Idrogeno | Hidrogjen |
| Motore | Motor |
| Palloncino | Tullumbace |
| Passeggero | Pasagjer |
| Pilota | Pilot |
| Storia | Histori |
| Turbolenza | Turbullira |

## Aggettivi #1
### Mbiemrat #1

| | |
|---|---|
| Ambizioso | Ambicioze |
| Aromatico | Aromatike |
| Artistico | Artistike |
| Assoluto | Absolute |
| Attivo | Aktiv |
| Enorme | I Madh |
| Esotico | Ekzotike |
| Generoso | Bujar |
| Giovane | I Ri |
| Grande | E Madhe |
| Identico | Identike |
| Importante | E Rëndësishme |
| Lento | Ngathët |
| Lungo | Gjatë |
| Moderno | Moderne |
| Onesto | Ndershëm |
| Perfetto | Perfekt |
| Pesante | E Rëndë |
| Prezioso | Me Vlerë |
| Sottile | I Hollë |

## Aggettivi #2
### Mbiemrat #2

| | |
|---|---|
| Affamato | Uri |
| Asciutto | Thatë |
| Autentico | Autentike |
| Creativo | Krijues |
| Descrittivo | Përshkrues |
| Dolce | E Ëmbël |
| Drammatico | Dramatike |
| Elegante | Elegante |
| Famoso | I Famshëm |
| Forte | I Fortë |
| Interessante | Interesante |
| Naturale | Natyrore |
| Normale | Normale |
| Nuovo | I Ri |
| Orgoglioso | Krenar |
| Produttivo | Produktive |
| Puro | I Pastër |
| Responsabile | Përgjegjës |
| Salato | E Kripur |
| Sano | I Shëndetshëm |

## Algebra
### Algjebra

| | |
|---|---|
| Diagramma | Diagramë |
| Divisione | Divizioni |
| Equazione | Ekuacioni |
| Esponente | Eksponent |
| Falso | I Rremë |
| Fattore | Faktori |
| Formula | Formulë |
| Frazione | Thyesë |
| Grafico | Grafik |
| Infinito | Pafund |
| Lineare | Lineare |
| Matrice | Matricë |
| Numero | Numër |
| Parentesi | Kllapa |
| Problema | Problem |
| Semplificare | Thjeshtoj |
| Soluzione | Zgjidhje |
| Sottrazione | Zbritja |
| Variabile | Variabël |
| Zero | Zero |

## Animali Domestici
### Kafshët Shtëpiake

| | |
|---|---|
| Acqua | Uji |
| Artigli | Kthetrat |
| Cane | Qen |
| Capra | Dhi |
| Cibo | Ushqim |
| Coda | Bisht |
| Collare | Jakë |
| Coniglio | Lepuri |
| Criceto | Lloj Brejtësi |
| Cucciolo | Qenush |
| Gattino | Kotele |
| Gatto | Mace |
| Lucertola | Hardhucë |
| Mucca | Lopë |
| Pappagallo | Papagall |
| Pesce | Peshk |
| Tartaruga | Breshkë |
| Topo | Miu |
| Veterinario | Veteriner |
| Zampe | Putrat |

## Antartide
### Antarktidë

| | |
|---|---|
| **Acqua** | Uji |
| **Ambiente** | Mjedis |
| **Baia** | Gji |
| **Balene** | Balenat |
| **Conservazione** | Ruajtje |
| **Continente** | Kontinent |
| **Geografia** | Gjeografi |
| **Ghiacciai** | Akullnajat |
| **Ghiaccio** | Akull |
| **Isole** | Ishujt |
| **Migrazione** | Migrimi |
| **Minerali** | Mineralet |
| **Nuvole** | Retë |
| **Penisola** | Gadishull |
| **Ricercatore** | Studiues |
| **Roccioso** | Roki |
| **Scientifico** | Shkencore |
| **Spedizione** | Ekspeditë |
| **Temperatura** | Temperatura |
| **Topografia** | Topografia |

## Antiquariato
### Antike

| | |
|---|---|
| **Arte** | Art |
| **Asta** | Ankand |
| **Autentico** | Autentike |
| **Condizione** | Gjendja |
| **Decenni** | Dekada |
| **Decorativo** | Dekorative |
| **Elegante** | Elegante |
| **Galleria** | Galeri |
| **Insolito** | E Pazakontë |
| **Investimento** | Investim |
| **Mobilio** | Mobilje |
| **Monete** | Monedha |
| **Prezzo** | Çmimi |
| **Qualità** | Cilësia |
| **Restauro** | Restaurimi |
| **Scultura** | Skulpturë |
| **Secolo** | Shekulli |
| **Stile** | Stili |
| **Valore** | Vlera |
| **Vecchio** | I Vjetër |

## Api
### Bletët

| | |
|---|---|
| **Ali** | Krahë |
| **Alveare** | Koshere |
| **Benefico** | I Dobishëm |
| **Cera** | Dylli |
| **Cibo** | Ushqim |
| **Diversità** | Diversiteti |
| **Ecosistema** | Ekosistemi |
| **Fiori** | Lule |
| **Fiorire** | Çel |
| **Frutta** | Fruta |
| **Fumo** | Tym |
| **Giardino** | Kopsht |
| **Habitat** | Habitat |
| **Insetto** | Insekt |
| **Miele** | Mjaltë |
| **Piante** | Bimët |
| **Polline** | Polen |
| **Regina** | Mbretëresha |
| **Sciame** | Muzi |
| **Sole** | Diell |

## Archeologia
### Arkeologjia

| | |
|---|---|
| **Analisi** | Analiza |
| **Antichità** | Lashtësia |
| **Ceramica** | Qeramikë |
| **Civiltà** | Qytetërimi |
| **Dimenticato** | Harruar |
| **Discendente** | Pasardhës |
| **Era** | Epokë |
| **Esperto** | Ekspert |
| **Fossile** | Fosile |
| **Mistero** | Mister |
| **Oggetti** | Objekte |
| **Ossa** | Kockat |
| **Professore** | Profesor |
| **Reliquia** | Relike |
| **Ricercatore** | Studiues |
| **Sconosciuto** | Panjohur |
| **Squadra** | Ekipi |
| **Tempio** | Tempull |
| **Tomba** | Varri |
| **Valutazione** | Vlerësimi |

## Arte
### Art

| | |
|---|---|
| **Ceramica** | Qeramike |
| **Complesso** | Kompleks |
| **Composizione** | Përbërja |
| **Creare** | Krijoni |
| **Dipinti** | Piktura |
| **Espressione** | Shprehje |
| **Figura** | Figura |
| **Ispirato** | Frymëzuar |
| **Onesto** | Ndershëm |
| **Originale** | Origjinal |
| **Personale** | Personale |
| **Poesia** | Poezi |
| **Ritrarre** | Portretizojnë |
| **Scultura** | Skulpturë |
| **Semplice** | E Thjeshtë |
| **Simbolo** | Simbol |
| **Soggetto** | Subjekt |
| **Surrealismo** | Surealizmi |
| **Umore** | Humor |
| **Visivo** | Vizuale |

## Arti Visive
### Artet Pamore

| | |
|---|---|
| **Architettura** | Arkitekturë |
| **Argilla** | Balta |
| **Artista** | Artist |
| **Capolavoro** | Kryevepër |
| **Carbone** | Qymyr Druri |
| **Cavalletto** | Këmbalec |
| **Cera** | Dylli |
| **Ceramica** | Qeramikë |
| **Composizione** | Përbërja |
| **Creatività** | Krijimtari |
| **Film** | Film |
| **Fotografia** | Fotografi |
| **Gesso** | Shkumës |
| **Matita** | Laps |
| **Penna** | Stilolaps |
| **Prospettiva** | Perspektivë |
| **Ritratto** | Portret |
| **Scultura** | Skulpturë |
| **Stampino** | Klishe |
| **Vernice** | Llak |

## Astronomia
### Astronomi

| | |
|---|---|
| **Asteroide** | Asteroidi |
| **Astronauta** | Astronaut |
| **Astronomo** | Astronom |
| **Cielo** | Qiell |
| **Cosmo** | Kozmosi |
| **Costellazione** | Plojёsi |
| **Equinozio** | Ekuinoksi |
| **Galassia** | Galaktikё |
| **Gravità** | Graviteti |
| **Luna** | Hёna |
| **Meteora** | Meteor |
| **Nebulosa** | Mjegullnaja |
| **Osservatorio** | Observatori |
| **Pianeta** | Planet |
| **Radiazione** | Rrezatimi |
| **Razzo** | Raketë |
| **Supernova** | Supernova |
| **Telescopio** | Teleskop |
| **Terra** | Toka |
| **Universo** | Gjithёsi |

## Attività
### Aktivitetet

| | |
|---|---|
| **Abilità** | Aftёsi |
| **Arte** | Art |
| **Artigianato** | Zanatet |
| **Attività** | Aktiviteti |
| **Caccia** | Gjuetia |
| **Campeggio** | Kamping |
| **Ceramica** | Qeramika |
| **Cucire** | Qepje |
| **Danza** | Vallёzimi |
| **Escursioni** | Hiking |
| **Fotografia** | Fotografi |
| **Giardinaggio** | Kopshtari |
| **Giochi** | Lojёra |
| **Lettura** | Leximi |
| **Magia** | Magji |
| **Pesca** | Peshkimi |
| **Piacere** | Kёnaqёsi |
| **Puzzle** | Enigma |
| **Rilassamento** | Çlodhje |
| **Tempo Libero** | Koha e Lirë |

## Attività Commerciale
### Biznesit

| | |
|---|---|
| **Bilancio** | Buxhet |
| **Carriera** | Karrierё |
| **Costo** | Kosto |
| **Datore di Lavoro** | Punёdhёnёsi |
| **Dipendente** | Punonjёs |
| **Economia** | Ekonomi |
| **Fabbrica** | Fabrikё |
| **Finanza** | Financa |
| **Investimento** | Investim |
| **Merce** | Mallin |
| **Negozio** | Dyqan |
| **Profitto** | Fitimi |
| **Reddito** | Tё Ardhura |
| **Sconto** | Zbritje |
| **Società** | Kompani |
| **Soldi** | Paratё |
| **Transazione** | Transaksion |
| **Ufficio** | Zyrё |
| **Valuta** | Valuta |
| **Vendita** | Shitje |

## Attività e Tempo Libero
### Aktivitetet dhe Koha e L

| | |
|---|---|
| **Arte** | Art |
| **Baseball** | Bejsbolli |
| **Basket** | Basketboll |
| **Boxe** | Boks |
| **Calcio** | Futboll |
| **Campeggio** | Kamping |
| **Escursioni** | Hiking |
| **Giardinaggio** | Kopshtari |
| **Golf** | Golf |
| **Hobby** | Hobi |
| **Immersione** | Zhytje |
| **Nuoto** | Not |
| **Pallavolo** | Volejboll |
| **Pesca** | Peshkimi |
| **Pittura** | Piktura |
| **Rilassante** | Zbutёs |
| **Shopping** | Pazar |
| **Surf** | Sёrf |
| **Tennis** | Tenis |
| **Viaggio** | Udhёtimi |

## Avventura
### Aventurё

| | |
|---|---|
| **Amici** | Miq |
| **Attività** | Aktiviteti |
| **Bellezza** | Bukuri |
| **Coraggio** | Trimёri |
| **Destinazione** | Destinacioni |
| **Difficoltà** | Vёshtirёsi |
| **Entusiasmo** | Entuziazmi |
| **Escursione** | Ekskursion |
| **Gioia** | Gёzim |
| **Insolito** | E Pazakontё |
| **Itinerario** | Itinerari |
| **Natura** | Natyra |
| **Navigazione** | Navigacion |
| **Nuovo** | I Ri |
| **Opportunità** | Mundёsi |
| **Pericoloso** | E Rrezikshme |
| **Preparazione** | Pёrgatitja |
| **Sfide** | Sfidat |
| **Sicurezza** | Siguria |
| **Viaggi** | Udhёtimet |

## Balletto
### Baletit

| | |
|---|---|
| **Abilità** | Aftёsi |
| **Applauso** | Duartrokitje |
| **Artistico** | Artistike |
| **Ballerina** | Balerina |
| **Ballerini** | Kёrcimtarё |
| **Compositore** | Kompozitor |
| **Coreografia** | Koreografi |
| **Espressivo** | Shprehёse |
| **Gesto** | Gjest |
| **Grazioso** | Kёndshёm |
| **Intensità** | Intensiteti |
| **Muscoli** | Muskujt |
| **Musica** | Muzika |
| **Orchestra** | Orkestёr |
| **Pratica** | Praktikё |
| **Prova** | Prova |
| **Pubblico** | Audiencё |
| **Ritmo** | Ritёm |
| **Stile** | Stili |
| **Tecnica** | Teknikё |

## Barbecue
### Barbekju

| | |
|---|---|
| Caldo | Nxehtë |
| Cena | Darka |
| Cibo | Ushqim |
| Cipolle | Qepë |
| Coltelli | Thika |
| Estate | Verë |
| Fame | Uria |
| Famiglia | Familje |
| Frutta | Fruta |
| Giochi | Lojëra |
| Griglia | Vuaj |
| Insalate | Sallata |
| Invito | Ftesë |
| Musica | Muzika |
| Pepe | Piper |
| Pollo | Pulë |
| Pomodori | Domate |
| Pranzo | Drekë |
| Sale | Kripë |
| Salsa | Salcë |

## Bellezza
### Bukuria

| | |
|---|---|
| Colore | Ngjyrë |
| Cosmetici | Kozmetikë |
| Elegante | Elegante |
| Eleganza | Elegancë |
| Fascino | Bukuri |
| Forbici | Gërshërë |
| Fotogenico | Fotogjenike |
| Fragranza | Aromë |
| Grazia | Hir |
| Oli | Vajra |
| Pelle | Lëkurës |
| Prodotti | Produktet |
| Riccioli | Curls |
| Rossetto | Buzëkuq |
| Servizi | Shërbimet |
| Shampoo | Shampo |
| Specchio | Pasqyrë |
| Stilista | Stilist |
| Trucco | Grim |

## Campeggio
### Kampingu

| | |
|---|---|
| Alberi | Pemët |
| Amaca | Hamak |
| Animali | Kafshët |
| Avventura | Aventurë |
| Bussola | Busull |
| Cabina | Kabina |
| Caccia | Gjuetia |
| Canoa | Kanoe |
| Cappello | Kapelë |
| Corda | Litar |
| Divertimento | Argëtim |
| Foresta | Pyll |
| Fuoco | Zjarr |
| Insetto | Insekt |
| Lago | Liqeni |
| Luna | Hëna |
| Mappa | Hartë |
| Montagna | Mal |
| Natura | Natyra |
| Tenda | Çadër |

## Casa
### Shtëpia

| | |
|---|---|
| Attico | Papafingo |
| Biblioteca | Librari |
| Camera | Dhomë |
| Camino | Oxhak |
| Cucina | Kuzhina |
| Doccia | Dush |
| Finestra | Dritare |
| Garage | Garazh |
| Giardino | Kopsht |
| Lampada | Llambë |
| Parete | Mur |
| Pavimento | Kati |
| Porta | Dera |
| Recinto | Gardh |
| Rubinetto | Rubinet |
| Scopa | Fshesë |
| Soffitto | Tavan |
| Specchio | Pasqyrë |
| Tappeto | Qilim |
| Tetto | Çati |

## Chimica
### Kimia

| | |
|---|---|
| Acido | Acid |
| Alcalino | Alkaline |
| Atomico | Atomike |
| Calore | Nxehtësia |
| Carbonio | Karbon |
| Catalizzatore | Katalizator |
| Cloro | Klori |
| Elettrone | Elektron |
| Enzima | Enzimë |
| Gas | Gaz |
| Idrogeno | Hidrogjen |
| Ione | Jon |
| Liquido | Lëng |
| Molecola | Molekula |
| Nucleare | Bërthamore |
| Organico | Organike |
| Ossigeno | Oksigjen |
| Peso | Pesha |
| Sale | Kripë |
| Temperatura | Temperatura |

## Cibo #1
### Ushqimi Numër 1

| | |
|---|---|
| Aglio | Hudhër |
| Basilico | Borzilok |
| Cannella | Kanellë |
| Carne | Mish |
| Carota | Karrota |
| Cipolla | Qepë |
| Fragola | Luleshtrydhe |
| Insalata | Sallatë |
| Latte | Qumësht |
| Limone | Limon |
| Menta | Nenexhik |
| Orzo | Elb |
| Pera | Dardhë |
| Rapa | Rrepë |
| Sale | Kripë |
| Spinaci | Spinaq |
| Succo | Lëng |
| Tonno | Tuna |
| Torta | Tortë |
| Zucchero | Sheqer |

## Cibo #2
### Ushqimi Numër 2

|  |  |
|---|---|
| Banana | Banane |
| Broccolo | Brokoli |
| Ciliegia | Qershi |
| Cioccolato | Çokollatë |
| Formaggio | Djathë |
| Fungo | Kërpudha |
| Grano | Gruri |
| Kiwi | Kivi |
| Mela | Mollë |
| Melanzana | Patëllxhan |
| Pane | Bukë |
| Pesce | Peshk |
| Pollo | Pulë |
| Pomodoro | Domate |
| Prosciutto | Proshutë |
| Riso | Oriz |
| Sedano | Selino |
| Uovo | Vezë |
| Uva | Rrushit |
| Yogurt | Kos |

## Cioccolato
### Çokollatë

|  |  |
|---|---|
| Amaro | E Hidhur |
| Antiossidante | Antioksidues |
| Arachidi | Kikirikët |
| Brama | Mall |
| Cacao | Kakao |
| Calorie | Kaloritë |
| Caramella | Karamele |
| Caramello | Karamel |
| Delizioso | E Shijshme |
| Dolce | E Ëmbël |
| Esotico | Ekzotike |
| Gusto | Shije |
| Gusto | Aromë |
| Ingrediente | Përbërës |
| Noce di Cocco | Kokosi |
| Polvere | Pluhur |
| Preferito | E Preferuara |
| Qualità | Cilësia |
| Ricetta | Receta |
| Zucchero | Sheqer |

## Circo
### Cirku

|  |  |
|---|---|
| Acrobata | Acrobat |
| Animali | Kafshët |
| Biglietto | Biletë |
| Caramella | Karamele |
| Costume | Kostum |
| Elefante | Elefanti |
| Giocoliere | Xhongler |
| Leone | Luani |
| Magia | Magji |
| Mago | Magjistar |
| Mostrare | Tregoj |
| Musica | Muzika |
| Palloncini | Balona |
| Parata | Paradë |
| Scimmia | Majmun |
| Spettacolare | Spektakolare |
| Spettatore | Spektator |
| Tenda | Çadër |
| Tigre | Tigër |
| Trucco | Mashtrim |

## Città
### Qyteti

|  |  |
|---|---|
| Aeroporto | Aeroport |
| Banca | Bankë |
| Biblioteca | Librari |
| Cinema | Kinema |
| Clinica | Klinika |
| Farmacia | Farmaci |
| Fiorista | Luleshitës |
| Galleria | Galeri |
| Hotel | Hotel |
| Mercato | Tregu |
| Museo | Muze |
| Negozio | Dyqan |
| Panetteria | Furke |
| Ristorante | Restorant |
| Salone | Sallon |
| Scuola | Shkolla |
| Stadio | Stadiumi |
| Supermercato | Supermarket |
| Teatro | Teatri |
| Università | Universiteti |

## Corpo Umano
### Trupi i Njeriut

|  |  |
|---|---|
| Bocca | Goja |
| Caviglia | Kyçri |
| Cervello | Truri |
| Collo | Qafë |
| Cuore | Zemra |
| Dito | Gishti |
| Faccia | Fytyra |
| Gamba | Këmbë |
| Ginocchio | Gju |
| Gomito | Bërryl |
| Mano | Dorë |
| Mento | Mjekër |
| Naso | Hundë |
| Occhio | Sy |
| Orecchio | Vesh |
| Pelle | Lëkurës |
| Sangue | Gjak |
| Spalla | Sup |
| Stomaco | Bark |
| Testa | Kokë |

## Creatività
### Kreativiteti

|  |  |
|---|---|
| Abilità | Aftësi |
| Artistico | Artistike |
| Autenticità | Autenticiteti |
| Chiarezza | Qartësi |
| Drammatico | Dramatike |
| Emozioni | Emocionet |
| Espressione | Shprehje |
| Idee | Ide |
| Immaginazione | Imagjinatë |
| Immagine | Imazhi |
| Impressione | Përshtypje |
| Intensità | Intensiteti |
| Intuizione | Intuitë |
| Inventivo | Krijues |
| Ispirazione | Frymëzim |
| Sensazione | Ndjesi |
| Sentimenti | Ndjenjat |
| Spontaneo | Spontane |
| Visioni | Vizionet |
| Vitalità | Vitaliteti |

## Diplomazia
### Diplomacia

|  |  |
|----------|-------|
| **Ambasciata** | Ambasada |
| **Ambasciatore** | Ambasador |
| **Cittadini** | Qytetarët |
| **Civico** | Qytetare |
| **Comunità** | Komuniteti |
| **Conflitto** | Konflikt |
| **Consigliere** | Këshilltar |
| **Cooperazione** | Bashkëpunimi |
| **Diplomatico** | Diplomatike |
| **Discussione** | Diskutim |
| **Etica** | Etika |
| **Giustizia** | Drejtësi |
| **Governo** | Qeverisë |
| **Integrità** | Integriteti |
| **Politica** | Politika |
| **Risoluzione** | Rezolutë |
| **Sicurezza** | Siguria |
| **Soluzione** | Zgjidhje |
| **Trattato** | Traktati |
| **Umanitario** | Humanitar |

## Discipline Scientifiche
### Disiplinat Shkencore

|  |  |
|----------|-------|
| **Anatomia** | Anatomia |
| **Archeologia** | Arkeologjia |
| **Astronomia** | Astronomi |
| **Biochimica** | Biokimi |
| **Biologia** | Biologji |
| **Botanica** | Botanikë |
| **Chimica** | Kimia |
| **Ecologia** | Ekologjia |
| **Fisiologia** | Fiziologji |
| **Geologia** | Gjeologjia |
| **Immunologia** | Imunologji |
| **Linguistica** | Gjuhësi |
| **Meccanica** | Mekanika |
| **Meteorologia** | Meteorologji |
| **Mineralogia** | Mineralogjia |
| **Neurologia** | Neurologji |
| **Psicologia** | Psikologji |
| **Sociologia** | Sociologji |
| **Termodinamica** | Termodinamika |
| **Zoologia** | Zoologji |

## Edifici
### Ndërtesat

|  |  |
|----------|-------|
| **Ambasciata** | Ambasada |
| **Appartamento** | Apartament |
| **Cabina** | Kabina |
| **Castello** | Kështjella |
| **Cinema** | Kinema |
| **Fabbrica** | Fabrikë |
| **Fattoria** | Fermë |
| **Fienile** | Hambar |
| **Hotel** | Hotel |
| **Laboratorio** | Laborator |
| **Museo** | Muze |
| **Ospedale** | Spital |
| **Osservatorio** | Observatori |
| **Scuola** | Shkolla |
| **Stadio** | Stadiumi |
| **Supermercato** | Supermarket |
| **Teatro** | Teatri |
| **Tenda** | Çadër |
| **Torre** | Kullë |
| **Università** | Universiteti |

## Energia
### Energjisë

|  |  |
|----------|-------|
| **Ambiente** | Mjedis |
| **Batteria** | Bateri |
| **Benzina** | Benzinë |
| **Calore** | Nxehtësia |
| **Carbonio** | Karbon |
| **Carburante** | Karburant |
| **Diesel** | Naftë |
| **Elettrico** | Elektrike |
| **Elettrone** | Elektron |
| **Entropia** | Entropia |
| **Fotone** | Foton |
| **Idrogeno** | Hidrogjen |
| **Industria** | Industria |
| **Inquinamento** | Ndotja |
| **Motore** | Motor |
| **Nucleare** | Bërthamore |
| **Rinnovabile** | Rinovueshme |
| **Turbina** | Turbinë |
| **Vapore** | Avull |
| **Vento** | Era |

## Erboristeria
### Herbalizëm

|  |  |
|----------|-------|
| **Aglio** | Hudhër |
| **Aromatico** | Aromatike |
| **Coriandolo** | Koriandër |
| **Culinario** | Kulinari |
| **Dragoncello** | Dragua |
| **Finocchio** | Kopër |
| **Fiore** | Lule |
| **Giardino** | Kopsht |
| **Ingrediente** | Përbërës |
| **Lavanda** | Livando |
| **Maggiorana** | Borzilok |
| **Menta** | Nenexhik |
| **Origano** | Rigon |
| **Pianta** | Bimë |
| **Prezzemolo** | Majdanoz |
| **Qualità** | Cilësia |
| **Rosmarino** | Rozmarinë |
| **Timo** | Trumzë |
| **Verde** | E Gjelbër |
| **Zafferano** | Shafran |

## Escursionismo
### Ecje

|  |  |
|----------|-------|
| **Acqua** | Uji |
| **Animali** | Kafshët |
| **Campeggio** | Kamping |
| **Clima** | Klima |
| **Guide** | Udhëzues |
| **Mappa** | Hartë |
| **Montagna** | Mal |
| **Natura** | Natyra |
| **Orientamento** | Orientim |
| **Parchi** | Parqet |
| **Pericoli** | Rreziqet |
| **Pesante** | E Rëndë |
| **Pietre** | Gurë |
| **Preparazione** | Përgatitja |
| **Scogliera** | Shkëmb |
| **Selvaggio** | I Egër |
| **Sole** | Diell |
| **Stanco** | Të Lodhur |
| **Stivali** | Çizme |
| **Vertice** | Samiti |

## Etica
### Etika

| | |
|---|---|
| **Altruismo** | Altruizmi |
| **Benevolo** | Dashamirës |
| **Compassione** | Dhembshuri |
| **Cooperazione** | Bashkëpunimi |
| **Dignità** | Dinjitet |
| **Diplomatico** | Diplomatike |
| **Filosofia** | Filozofi |
| **Gentilezza** | Mirësi |
| **Integrità** | Integriteti |
| **Onestà** | Ndershmëria |
| **Ottimismo** | Optimizëm |
| **Pazienza** | Durim |
| **Ragionevole** | E Arsyeshme |
| **Razionalità** | Racionaliteti |
| **Realismo** | Realizmi |
| **Rispettoso** | Respektueshëm |
| **Saggezza** | Urtësi |
| **Tolleranza** | Tolerancë |
| **Umanità** | Njerëzimi |
| **Valori** | Vlerat |

## Famiglia
### Familja

| | |
|---|---|
| **Antenato** | Paraardhës |
| **Bambino** | Fëmijë |
| **Cugino** | Kushëri |
| **Figlia** | Vajzë |
| **Fratello** | Vëlla |
| **Infanzia** | Fëmijëria |
| **Madre** | Nëna |
| **Marito** | Burri |
| **Materno** | Nënës |
| **Moglie** | Gruaja |
| **Nipote** | Nipi |
| **Nipote** | Mbesë |
| **Nipote** | Nipi |
| **Nonna** | Gjyshja |
| **Nonno** | Gjyshi |
| **Padre** | Baba |
| **Paterno** | Atërore |
| **Sorella** | Motër |
| **Zia** | Hallë |
| **Zio** | Xhaxhai |

## Fantascienza
### Fiction Shkencor

| | |
|---|---|
| **Atomico** | Atomike |
| **Cinema** | Kinema |
| **Distopia** | Distopia |
| **Esplosione** | Shpërthim |
| **Estremo** | Ekstrem |
| **Fantastico** | Fantastik |
| **Fuoco** | Zjarr |
| **Futuristico** | Futurist |
| **Galassia** | Galaktikë |
| **Illusione** | Iluzion |
| **Immaginario** | Imagjinare |
| **Libri** | Libra |
| **Misterioso** | Misterioze |
| **Mondo** | Botë |
| **Oracolo** | Orakulli |
| **Pianeta** | Planet |
| **Realistico** | Realiste |
| **Robot** | Robotët |
| **Tecnologia** | Teknologji |
| **Utopia** | Utopi |

## Fattoria #1
### Ferma Numër 1

| | |
|---|---|
| **Acqua** | Uji |
| **Agricoltura** | Bujqësia |
| **Ape** | Bletë |
| **Asino** | Gomar |
| **Campo** | Fusha |
| **Cane** | Qen |
| **Capra** | Dhi |
| **Cavallo** | Kalë |
| **Fertilizzante** | Pleh |
| **Fieno** | Sanë |
| **Gatto** | Mace |
| **Gregge** | Kope |
| **Maiale** | Derr |
| **Miele** | Mjaltë |
| **Mucca** | Lopë |
| **Pollo** | Pulë |
| **Recinto** | Gardh |
| **Riso** | Oriz |
| **Semi** | Fara |
| **Vitello** | Viç |

## Fattoria #2
### Ferma Numër 2

| | |
|---|---|
| **Agnello** | Qengj |
| **Agricoltore** | Fermer |
| **Anatra** | Rosa |
| **Animali** | Kafshët |
| **Cibo** | Ushqim |
| **Fienile** | Hambar |
| **Frutta** | Fruta |
| **Frutteto** | Pemishte |
| **Grano** | Gruri |
| **Irrigazione** | Ujitje |
| **Lama** | Llama |
| **Latte** | Qumësht |
| **Mais** | Misri |
| **Maturo** | Pjekur |
| **Oche** | Patat |
| **Orzo** | Elb |
| **Pastore** | Bariu |
| **Pecora** | Dele |
| **Prato** | Livadh |
| **Trattore** | Traktor |

## Filantropia
### Filantropisë

| | |
|---|---|
| **Bambini** | Fëmijë |
| **Bisogno** | Nevoja |
| **Carità** | Bamirësi |
| **Comunità** | Komuniteti |
| **Contatti** | Kontaktet |
| **Finanza** | Financa |
| **Fondi** | Fondet |
| **Generosità** | Bujari |
| **Gioventù** | Rinia |
| **Globale** | Globale |
| **Gruppi** | Grupet |
| **Missione** | Misioni |
| **Obiettivi** | Gola |
| **Onestà** | Ndershmëria |
| **Persone** | Njerëzit |
| **Programmi** | Programet |
| **Pubblico** | Publik |
| **Sfide** | Sfidat |
| **Storia** | Histori |
| **Umanità** | Njerëzimi |

## Fiori
### Lule

| | |
|---|---|
| **Gardenia** | Gardenia |
| **Gelsomino** | Jasemini |
| **Giglio** | Zambak |
| **Girasole** | Luledielli |
| **Ibisco** | Hibiscus |
| **Lavanda** | Livando |
| **Lilla** | Jargavan |
| **Magnolia** | Magnolia |
| **Margherita** | Daisy |
| **Mazzo** | Buqetë |
| **Narciso** | Daffodil |
| **Orchidea** | Orkide |
| **Papavero** | Lulëkuqe |
| **Passiflora** | Lule Pasioni |
| **Peonia** | Bozhure |
| **Petalo** | Petal |
| **Plumeria** | Plumeria |
| **Rosa** | Trëndafil |
| **Trifoglio** | Tërfili |
| **Tulipano** | Tulep |

## Fisica
### Fizikë

| | |
|---|---|
| **Accelerazione** | Përshpejtimi |
| **Atomo** | Atom |
| **Caos** | Kaos |
| **Chimico** | Kimike |
| **Densità** | Dendësia |
| **Elettrone** | Elektron |
| **Espansione** | Zgjerimi |
| **Formula** | Formulë |
| **Frequenza** | Frekuenca |
| **Gas** | Gaz |
| **Gravità** | Graviteti |
| **Magnetismo** | Magnetizmi |
| **Meccanica** | Mekanika |
| **Molecola** | Molekula |
| **Motore** | Motor |
| **Nucleare** | Bërthamore |
| **Particella** | Grimcë |
| **Relatività** | Relativiteti |
| **Universale** | Universale |
| **Velocità** | Shpejtësia |

## Foresta Pluviale
### Pyjet e Shiut

| | |
|---|---|
| **Anfibi** | Amfibët |
| **Botanico** | Botanik |
| **Clima** | Klima |
| **Comunità** | Komuniteti |
| **Diversità** | Diversiteti |
| **Giungla** | Xhungël |
| **Indigeno** | Audigjen |
| **Insetti** | Insektet |
| **Mammiferi** | Gjitarët |
| **Muschio** | Myshk |
| **Natura** | Natyra |
| **Nuvole** | Retë |
| **Preservazione** | Ruajtja |
| **Prezioso** | Me Vlerë |
| **Restauro** | Restaurimi |
| **Rifugio** | Strehë |
| **Rispetto** | Respekt |
| **Sopravvivenza** | Mbijetesa |
| **Specie** | Llojet |
| **Uccelli** | Zogjtë |

## Forme
### Format

| | |
|---|---|
| **Angolo** | Qoshe |
| **Arco** | Hark |
| **Bordi** | Skajet |
| **Cerchio** | Rreth |
| **Cilindro** | Cilindri |
| **Cono** | Kon |
| **Cubo** | Kube |
| **Curva** | Kurve |
| **Ellisse** | Elips |
| **Iperbole** | Hiperbola |
| **Lato** | Anë |
| **Linea** | Linjë |
| **Ovale** | Ovale |
| **Piramide** | Piramida |
| **Poligono** | Poligoni |
| **Prisma** | Prizëm |
| **Quadrato** | Sheshi |
| **Rettangolo** | Drejtkëndësh |
| **Sfera** | Sferë |
| **Triangolo** | Trekëndësh |

## Forniture Artistiche
### Furnizimet e Artit

| | |
|---|---|
| **Acqua** | Uji |
| **Acquerelli** | Bojëra Uji |
| **Acrilico** | Akrilik |
| **Argilla** | Argjilë |
| **Carbone** | Qymyr Druri |
| **Carta** | Letër |
| **Cavalletto** | Këmbalec |
| **Colla** | Ngjitës |
| **Colori** | Ngjyrat |
| **Creatività** | Fantazia |
| **Gomma** | Gomë |
| **Idee** | Ide |
| **Inchiostro** | Bojë |
| **Matite** | Lapsa |
| **Olio** | Vaj |
| **Pastelli** | Pastele |
| **Sedia** | Karrige |
| **Spazzole** | Furca |
| **Tavolo** | Tabela |
| **Telecamera** | Kamera |

## Forza e Gravità
### Forca dhe Graviteti

| | |
|---|---|
| **Asse** | Aksi |
| **Attrito** | Fërkimi |
| **Centro** | Qendra |
| **Dinamico** | Dinamike |
| **Distanza** | Distancë |
| **Espansione** | Zgjerimi |
| **Fisica** | Fizika |
| **Impatto** | Ndikimi |
| **Magnetismo** | Magnetizmi |
| **Meccanica** | Mekanika |
| **Movimento** | Lëvizje |
| **Orbita** | Orbita |
| **Peso** | Pesha |
| **Pianeti** | Planetet |
| **Pressione** | Presioni |
| **Proprietà** | Vetitë |
| **Scoperta** | Zbulimi |
| **Tempo** | Koha |
| **Universale** | Universale |
| **Velocità** | Shpejtësi |

## Frutta
### Fruta

| | |
|---|---|
| **Albicocca** | Kajsi |
| **Ananas** | Ananas |
| **Arancia** | Portokalli |
| **Avocado** | Avokado |
| **Banana** | Banane |
| **Ciliegia** | Qershi |
| **Fico** | Fig |
| **Kiwi** | Kivi |
| **Lampone** | Mjedër |
| **Limone** | Limon |
| **Mango** | Mango |
| **Mela** | Mollë |
| **Melone** | Pjepër |
| **Mora** | Ferrë |
| **Nettarina** | Nektarinë |
| **Papaia** | Papaja |
| **Pera** | Dardhë |
| **Pesca** | Pjeshkë |
| **Prugna** | Kumbull |
| **Uva** | Rrushit |

## Geografia
### Gjeografia

| | |
|---|---|
| **Altitudine** | Lartësi |
| **Atlante** | Atlas |
| **Città** | Qytet |
| **Continente** | Kontinent |
| **Emisfero** | Hemisfera |
| **Fiume** | Lumi |
| **Isola** | Ishull |
| **Latitudine** | Gjerësi |
| **Longitudine** | Gjatësia |
| **Mappa** | Hartë |
| **Mare** | Det |
| **Meridiano** | Meridian |
| **Mondo** | Botë |
| **Montagna** | Mal |
| **Nord** | Veri |
| **Ovest** | Perëndim |
| **Paese** | Vendi |
| **Regione** | Rajon |
| **Sud** | Jug |
| **Territorio** | Territori |

## Geologia
### Gjeologjia

| | |
|---|---|
| **Acido** | Acid |
| **Altopiano** | Pllajë |
| **Calcio** | Kalcium |
| **Caverna** | Shpellë |
| **Continente** | Kontinent |
| **Corallo** | Koral |
| **Cristalli** | Kristale |
| **Erosione** | Erozioni |
| **Fossile** | Fosile |
| **Geyser** | Gejzer |
| **Lava** | Lava |
| **Minerali** | Mineralet |
| **Pietra** | Gur |
| **Quarzo** | Kuarc |
| **Sale** | Kripë |
| **Stalagmiti** | Stalagmitet |
| **Stalattite** | Stalaktit |
| **Strato** | Shtresë |
| **Terremoto** | Tërmet |
| **Vulcano** | Vullkan |

## Geometria
### Gjeometria

| | |
|---|---|
| **Altezza** | Lartësia |
| **Angolo** | Kënd |
| **Calcolo** | Llogaritja |
| **Cerchio** | Rreth |
| **Curva** | Kurve |
| **Diametro** | Diametri |
| **Dimensione** | Dimensioni |
| **Equazione** | Ekuacioni |
| **Logica** | Logjikë |
| **Mediano** | Mesatare |
| **Numero** | Numër |
| **Orizzontale** | Horizontale |
| **Parallelo** | Paralel |
| **Proporzione** | Pjesë |
| **Segmento** | Segment |
| **Simmetria** | Simetri |
| **Superficie** | Sipërfaqe |
| **Teoria** | Teori |
| **Triangolo** | Trekëndësh |
| **Verticale** | Vertikale |

## Giardinaggio
### Kopshtarisë

| | |
|---|---|
| **Acqua** | Uji |
| **Botanico** | Botanik |
| **Clima** | Klima |
| **Commestibile** | Ngrënshëm |
| **Compost** | Plehrash |
| **Contenitore** | Enë |
| **Esotico** | Ekzotike |
| **Fiorire** | Çel |
| **Floreale** | Lules |
| **Foglia** | Fletë |
| **Fogliame** | Gjeth |
| **Frutteto** | Pemishte |
| **Mazzo** | Buqetë |
| **Semi** | Fara |
| **Specie** | Llojet |
| **Sporco** | Pisllëku |
| **Stagionale** | Sezonale |
| **Suolo** | Tokës |
| **Tubo** | Çorape |
| **Umidità** | Lagështi |

## Giardino
### Kopshti

| | |
|---|---|
| **Albero** | Pemë |
| **Amaca** | Hamak |
| **Cespuglio** | Bush |
| **Erba** | Bari |
| **Fiore** | Lule |
| **Frutteto** | Pemishte |
| **Garage** | Garazh |
| **Giardino** | Kopsht |
| **Pala** | Lopatë |
| **Panca** | Stol |
| **Portico** | Verandë |
| **Prato** | Lëndinë |
| **Rastrello** | Grabujë |
| **Recinto** | Gardh |
| **Stagno** | Pellg |
| **Suolo** | Tokës |
| **Terrazza** | Tarracë |
| **Trampolino** | Trampolinë |
| **Tubo** | Çorape |
| **Vite** | Hardhisë |

## Giorni e Mesi
### Ditët dhe Muajt

| | |
|---|---|
| **Agosto** | Gusht |
| **Anno** | Viti |
| **Aprile** | Prill |
| **Calendario** | Kalendar |
| **Dicembre** | Dhjetor |
| **Domenica** | E Diel |
| **Febbraio** | Shkurt |
| **Gennaio** | Janar |
| **Giugno** | Qershor |
| **Luglio** | Korrik |
| **Lunedì** | E Hënë |
| **Martedì** | E Martë |
| **Mercoledì** | E Mërkurë |
| **Mese** | Muaj |
| **Novembre** | Nëntor |
| **Ottobre** | Tetor |
| **Sabato** | E Shtunë |
| **Settembre** | Shtator |
| **Settimana** | Java |
| **Venerdì** | E Premte |

## Governo
### Qeverisë

| | |
|---|---|
| **Capo** | Udhëheqës |
| **Cittadinanza** | Qytetari |
| **Civile** | Civile |
| **Costituzione** | Kushtetuta |
| **Democrazia** | Demokraci |
| **Discorso** | Të Folurit |
| **Discussione** | Diskutim |
| **Giudiziario** | Gjyqësor |
| **Giustizia** | Drejtësi |
| **Indipendenza** | Pavarësia |
| **Legale** | Ligjore |
| **Legge** | Ligji |
| **Libertà** | Liri |
| **Monumento** | Monument |
| **Nazionale** | Kombëtare |
| **Nazione** | Kombi |
| **Politica** | Politika |
| **Simbolo** | Simbol |
| **Stato** | Shteti |
| **Uguaglianza** | Barazi |

## Guida
### Ngasja

| | |
|---|---|
| **Attenzione** | Kujdes |
| **Auto** | Makina |
| **Autobus** | Autobus |
| **Carburante** | Karburant |
| **Freni** | Frenat |
| **Garage** | Garazh |
| **Gas** | Gaz |
| **Incidente** | Aksident |
| **Licenza** | Liçensë |
| **Mappa** | Hartë |
| **Moto** | Motor |
| **Pedonale** | Këmbësor |
| **Pericolo** | Rrezik |
| **Polizia** | Policia |
| **Sicurezza** | Siguria |
| **Strada** | Rrugë |
| **Traffico** | Trafiku |
| **Trasporto** | Transporti |
| **Tunnel** | Tunel |
| **Velocità** | Shpejtësi |

## I Media
### Mediat

| | |
|---|---|
| **Commerciale** | Tregti |
| **Comunicazione** | Komunikimi |
| **Digitale** | Dixhital |
| **Edizione** | Botim |
| **Educazione** | Arsimi |
| **Fatti** | Fakte |
| **Finanziamento** | Financimi |
| **Foto** | Fotografitë |
| **Giornali** | Gazetat |
| **Individuale** | Individual |
| **Industria** | Industria |
| **Intellettuale** | Intelektuale |
| **Locale** | Lokal |
| **Online** | Online |
| **Opinione** | Opinion |
| **Pubblicità** | Reklama |
| **Pubblico** | Publik |
| **Radio** | Radio |
| **Rete** | Rrjeti |
| **Televisione** | Televizion |

## Imbarcazioni
### Varkat

| | |
|---|---|
| **Albero** | Direk |
| **Ancora** | Spirancë |
| **Barca a Vela** | Varkë me Vela |
| **Boa** | Vozë mbi Ujë |
| **Canoa** | Kanoe |
| **Corda** | Litar |
| **Equipaggio** | Ekuipazhi |
| **Fiume** | Lumi |
| **Kayak** | Kajak |
| **Lago** | Liqeni |
| **Mare** | Det |
| **Marea** | Baticë |
| **Marinaio** | Marinar |
| **Motore** | Motor |
| **Nautico** | Detare |
| **Oceano** | Oqean |
| **Onde** | Valët |
| **Traghetto** | Traget |
| **Yacht** | Jaht |
| **Zattera** | Raft |

## Ingegneria
### Inxhinieri

| | |
|---|---|
| **Angolo** | Kënd |
| **Asse** | Aksi |
| **Calcolo** | Llogaritja |
| **Costruzione** | Ndërtimi |
| **Diagramma** | Diagramë |
| **Diametro** | Diametri |
| **Diesel** | Naftë |
| **Distribuzione** | Shpërndarje |
| **Energia** | Energji |
| **Forza** | Forcë |
| **Ingranaggi** | Ingranazhet |
| **Liquido** | Lëng |
| **Macchina** | Makinë |
| **Misurazione** | Matja |
| **Motore** | Motor |
| **Profondità** | Thellësi |
| **Propulsione** | Shtesje |
| **Rotazione** | Rrotullimi |
| **Stabilità** | Stabiliteti |
| **Struttura** | Struktura |

## Insetti
### Insektet

| | |
|---|---|
| **Afide** | Aphid |
| **Ape** | Bletë |
| **Calabrone** | Brëzi |
| **Cavalletta** | Karkalec |
| **Cicala** | Cicada |
| **Coccinella** | Ladybug |
| **Coleottero** | Brumbulli |
| **Falena** | Molë |
| **Farfalla** | Flutur |
| **Formica** | Milingonë |
| **Larva** | Larva |
| **Libellula** | Pilivesë |
| **Locusta** | Karkaleci |
| **Mantide** | Mantis |
| **Pulce** | Plesht |
| **Scarafaggio** | Kacabu |
| **Termite** | Termit |
| **Verme** | Krimbi |
| **Vespa** | Grenzë |
| **Zanzara** | Mushkonjë |

## Jazz
### Xhaz

| | |
|---|---|
| **Album** | Album |
| **Applauso** | Duartrokitje |
| **Artista** | Artist |
| **Batteria** | Bateri |
| **Canzone** | Këngë |
| **Compositore** | Kompozitor |
| **Composizione** | Përbërja |
| **Concerto** | Koncert |
| **Enfasi** | Theksi |
| **Famoso** | I Famshëm |
| **Genere** | Zhanër |
| **Improvvisazione** | Improvizim |
| **Musica** | Muzika |
| **Nuovo** | I Ri |
| **Orchestra** | Orkestër |
| **Ritmo** | Ritëm |
| **Stile** | Stili |
| **Talento** | Talent |
| **Tecnica** | Teknikë |
| **Vecchio** | I Vjetër |

## L'Azienda
### Kompania

| | |
|---|---|
| **Creativo** | Krijues |
| **Decisione** | Vendim |
| **Globale** | Globale |
| **Industria** | Industria |
| **Innovativo** | Inovative |
| **Investimento** | Investim |
| **Occupazione** | Punësimi |
| **Possibilità** | Mundësi |
| **Presentazione** | Prezantim |
| **Prodotto** | Produkt |
| **Professionale** | Profesional |
| **Progresso** | Progres |
| **Qualità** | Cilësia |
| **Reddito** | Të Ardhurat |
| **Reputazione** | Reputacioni |
| **Rischi** | Rreziqet |
| **Risorse** | Burimet |
| **Salari** | Pagat |
| **Tendenze** | Trendet |
| **Unità** | Njësitë |

## Letteratura
### Letërsia

| | |
|---|---|
| **Analisi** | Analiza |
| **Analogia** | Analogjia |
| **Aneddoto** | Anekdotë |
| **Autore** | Autor |
| **Biografia** | Biografia |
| **Conclusione** | Përfundim |
| **Confronto** | Krahasim |
| **Descrizione** | Përshkrim |
| **Dialogo** | Dialogu |
| **Genere** | Zhanër |
| **Metafora** | Metafora |
| **Opinione** | Opinion |
| **Poesia** | Poemë |
| **Poetico** | Poetike |
| **Rima** | Rimë |
| **Ritmo** | Ritëm |
| **Romanzo** | Roman |
| **Stile** | Stili |
| **Tema** | Tema |
| **Tragedia** | Tragjedi |

## Libri
### Librat

| | |
|---|---|
| **Autore** | Autor |
| **Avventura** | Aventurë |
| **Collezione** | Mbledhja |
| **Contesto** | Kontekst |
| **Dualità** | Dualitet |
| **Epico** | Epikë |
| **Inventivo** | Krijues |
| **Letterario** | Letrare |
| **Lettore** | Lexues |
| **Narratore** | Narrator |
| **Pagina** | Faqe |
| **Poesia** | Poezi |
| **Rilevante** | Relevante |
| **Romanzo** | Roman |
| **Scritto** | Shkruar |
| **Serie** | Seri |
| **Storia** | Histori |
| **Storico** | Historike |
| **Tragico** | Tragjike |
| **Umoristico** | Humor |

## Mammiferi
### Gjitarët

| | |
|---|---|
| **Balena** | Balena |
| **Cane** | Qen |
| **Canguro** | Kangur |
| **Cavallo** | Kalë |
| **Cervo** | Dre |
| **Coniglio** | Lepuri |
| **Coyote** | Kojotë |
| **Delfino** | Delfin |
| **Elefante** | Elefanti |
| **Gatto** | Mace |
| **Giraffa** | Gjirafë |
| **Gorilla** | Gorilla |
| **Leone** | Luani |
| **Lupo** | Ujku |
| **Orso** | Ariu |
| **Pecora** | Dele |
| **Scimmia** | Majmun |
| **Toro** | Dem |
| **Volpe** | Foks |
| **Zebra** | Zebër |

## Matematica
### Matematikë

| | |
|---|---|
| **Angoli** | Këndet |
| **Aritmetica** | Aritmetikë |
| **Circonferenza** | Rrethenca |
| **Decimale** | Dhjetore |
| **Diametro** | Diametri |
| **Divisione** | Divizioni |
| **Equazione** | Ekuacioni |
| **Esponente** | Eksponent |
| **Frazione** | Thyesë |
| **Geometria** | Gjeometria |
| **Parallelo** | Paralel |
| **Parallelogramma** | Paralelogram |
| **Perimetro** | Perimetër |
| **Poligono** | Poligoni |
| **Quadrato** | Sheshi |
| **Rettangolo** | Drejtkëndësh |
| **Simmetria** | Simetri |
| **Somma** | Shumë |
| **Triangolo** | Trekëndësh |
| **Volume** | Vëllimi |

## Meditazione
### Meditimi

| | |
|---|---|
| **Accettazione** | Pranimi |
| **Attenzione** | Kujdes |
| **Calma** | Qetësi |
| **Chiarezza** | Qartësi |
| **Compassione** | Dhembshuri |
| **Emozioni** | Emocionet |
| **Gentilezza** | Mirësi |
| **Gratitudine** | Mirënjohje |
| **Mentale** | Mendore |
| **Mente** | Mendje |
| **Movimento** | Lëvizja |
| **Musica** | Muzika |
| **Natura** | Natyra |
| **Osservazione** | Vrojtim |
| **Pace** | Paqe |
| **Pensieri** | Mendime |
| **Postura** | Postura |
| **Prospettiva** | Perspektivë |
| **Respirazione** | Frymëmarrja |
| **Silenzio** | Heshtje |

## Meteo
### Moti

| | |
|---|---|
| **Arcobaleno** | Ylber |
| **Asciutto** | Thatë |
| **Atmosfera** | Atmosferë |
| **Brezza** | Fllad |
| **Cielo** | Qiell |
| **Clima** | Klima |
| **Fulmine** | Rrufe |
| **Ghiaccio** | Akull |
| **Monsone** | Muson |
| **Nebbia** | Mjegull |
| **Nube** | Re |
| **Polare** | Polare |
| **Siccità** | Thatësia |
| **Temperatura** | Temperaturë |
| **Tempesta** | Stuhi |
| **Tornado** | Tornado |
| **Tropicale** | Tropikal |
| **Tuono** | Bubullim |
| **Umido** | Lagësht |
| **Vento** | Era |

## Misurazioni
### Matjet

| | |
|---|---|
| **Altezza** | Lartësia |
| **Byte** | Bajt |
| **Centimetro** | Centimetër |
| **Chilogrammo** | Kilogram |
| **Chilometro** | Kilometër |
| **Decimale** | Dhjetore |
| **Grado** | Gradë |
| **Grammo** | Gram |
| **Larghezza** | Gjerësia |
| **Litro** | Litër |
| **Lunghezza** | Gjatësia |
| **Metro** | Matës |
| **Minuto** | Minutë |
| **Oncia** | Ons |
| **Peso** | Pesha |
| **Pinta** | Pintë |
| **Pollice** | Inç |
| **Profondità** | Thellësi |
| **Tonnellata** | Ton |
| **Volume** | Vëllimi |

## Mitologia
### Mitologji

| | |
|---|---|
| **Archetipo** | Arketipi |
| **Comportamento** | Sjellje |
| **Creatura** | Krijesa |
| **Creazione** | Krijim |
| **Cultura** | Kultura |
| **Disastro** | Fatkeqësi |
| **Divinità** | Hyjnitë |
| **Eroe** | Hero |
| **Forza** | Forcë |
| **Fulmine** | Rrufe |
| **Gelosia** | Xhelozia |
| **Guerriero** | Luftëtari |
| **Immortalità** | Pavdekësia |
| **Labirinto** | Labirint |
| **Leggenda** | Legjenda |
| **Magico** | Magjike |
| **Mortale** | Vdekshëm |
| **Mostro** | Përbindësh |
| **Tuono** | Bubullima |
| **Vendetta** | Hakmarrje |

## Moda
### Modës

| | |
|---|---|
| **Abbigliamento** | Veshje |
| **Boutique** | Butik |
| **Caro** | Shkenjte |
| **Confortevole** | Rehat |
| **Elegante** | Elegante |
| **Minimalista** | Minimalist |
| **Modello** | Model |
| **Moderno** | Moderne |
| **Modesto** | Modest |
| **Originale** | Origjinal |
| **Pizzo** | Dantella |
| **Pratico** | Praktike |
| **Pulsanti** | Butonat |
| **Ricamo** | Qëndisje |
| **Semplice** | E Thjeshtë |
| **Sofisticato** | I Sofistikuar |
| **Stile** | Stili |
| **Tendenza** | Prirje |
| **Tessuto** | Pëlhurë |
| **Trama** | Cilësi |

## Musica
### Muzikë

| Album | Album |
|---|---|
| Armonia | Harmoni |
| Armonico | Harmonik |
| Ballata | Baladë |
| Cantante | Këngëtarja |
| Cantare | Këndoni |
| Classico | Klasike |
| Coro | Kori |
| Lirico | Lirike |
| Melodia | Melodi |
| Microfono | Mikrofon |
| Musicale | Muzikor |
| Musicista | Muzikant |
| Opera | Opera |
| Poetico | Poetike |
| Registrazione | Regjistrimi |
| Ritmico | Ritmike |
| Ritmo | Ritëm |
| Strumento | Instrument |
| Vocale | Vokal |

## Natura
### Natyra

| Animali | Kafshët |
|---|---|
| Api | Bletët |
| Artico | Arktik |
| Bellezza | Bukuri |
| Deserto | Shkretëtirë |
| Dinamico | Dinamike |
| Erosione | Erozioni |
| Fiume | Lumi |
| Fogliame | Gjeth |
| Foresta | Pyll |
| Ghiacciaio | Akullnajë |
| Montagne | Malet |
| Nebbia | Mjegull |
| Nuvole | Retë |
| Rifugio | Strehë |
| Santuario | Shenjtërorja |
| Selvaggio | I Egër |
| Sereno | Qetë |
| Tropicale | Tropikal |
| Vitale | Jetësore |

## Nutrizione
### Të Ushqyerit

| Amaro | E Hidhur |
|---|---|
| Appetito | Oreksi |
| Bilanciato | Balancuar |
| Calorie | Kaloritë |
| Carboidrati | Karbohidratet |
| Commestibile | Ngrënshëm |
| Dieta | Dietë |
| Digestione | Tretje |
| Fermentazione | Fermentimi |
| Gusto | Aromë |
| Liquidi | Lëngjet |
| Peso | Pesha |
| Proteine | Proteinat |
| Qualità | Cilësia |
| Salsa | Salcë |
| Salute | Shëndeti |
| Sano | I Shëndetshëm |
| Spezie | Erëza |
| Tossina | Toksinë |
| Vitamina | Vitamina |

## Oceano
### Oqeani

| Anguilla | Ngjala |
|---|---|
| Balena | Balena |
| Barca | Varkë |
| Corallo | Koral |
| Delfino | Delfin |
| Gamberetto | Karkaleca |
| Granchio | Gaforrja |
| Maree | Baticat |
| Medusa | Kandil Deti |
| Onde | Valët |
| Ostrica | Gocë Deti |
| Pesce | Peshk |
| Polpo | Oktapod |
| Sale | Kripë |
| Scogliera | Gumë |
| Spugna | Sfungjer |
| Squalo | Peshkaqen |
| Tartaruga | Breshkë |
| Tempesta | Stuhi |
| Tonno | Tuna |

## Paesaggi
### Peizazhet

| Cascata | Ujëvarë |
|---|---|
| Collina | Kodër |
| Deserto | Shkretëtirë |
| Fiume | Lumi |
| Geyser | Gejzer |
| Ghiacciaio | Akullnajë |
| Grotta | Shpellë |
| Iceberg | Ajsberg |
| Isola | Ishull |
| Lago | Liqeni |
| Mare | Det |
| Montagna | Mal |
| Oasi | Oazë |
| Oceano | Oqean |
| Palude | Moçal |
| Penisola | Gadishull |
| Spiaggia | Plazh |
| Tundra | Tundër |
| Valle | Luginë |
| Vulcano | Vullkan |

## Paesi #1
### Vendet Numër 1

| Brasile | Brazil |
|---|---|
| Cambogia | Kamboxhia |
| Canada | Kanada |
| Egitto | Egjipt |
| Finlandia | Finlanda |
| Germania | Gjermani |
| India | Indi |
| Iraq | Irak |
| Israele | Izraelit |
| Libia | Libi |
| Mali | Mali |
| Marocco | Marok |
| Norvegia | Norvegji |
| Panama | Panama |
| Polonia | Poloni |
| Romania | Rumani |
| Senegal | Senegal |
| Spagna | Spanjë |
| Venezuela | Venezuelë |
| Vietnam | Vietnam |

## Paesi #2
### Vendet #2

| | |
|---|---|
| **Albania** | Shqipëria |
| **Danimarca** | Danimarkë |
| **Etiopia** | Etiopi |
| **Giamaica** | Xhamajka |
| **Giappone** | Japoni |
| **Grecia** | Greqi |
| **Haiti** | Haiti |
| **Indonesia** | Indonezi |
| **Irlanda** | Irlanda |
| **Laos** | Laos |
| **Liberia** | Liberi |
| **Messico** | Meksikë |
| **Nepal** | Nepal |
| **Nigeria** | Nigeri |
| **Pakistan** | Pakistan |
| **Russia** | Rusi |
| **Siria** | Siri |
| **Sudan** | Sudan |
| **Ucraina** | Ukrainë |
| **Uganda** | Ugandë |

## Piante
### Bimët

| | |
|---|---|
| **Albero** | Pemë |
| **Bambù** | Bambu |
| **Botanica** | Botanikë |
| **Cactus** | Kaktus |
| **Cespuglio** | Bush |
| **Crescere** | Rritu |
| **Edera** | Ivy |
| **Erba** | Bari |
| **Fagiolo** | Fasule |
| **Fertilizzante** | Pleh |
| **Fiore** | Lule |
| **Flora** | Flora |
| **Foglia** | Fletë |
| **Fogliame** | Gjeth |
| **Foresta** | Pyll |
| **Giardino** | Kopsht |
| **Muschio** | Myshk |
| **Petalo** | Petal |
| **Radice** | Rrënjë |
| **Vegetazione** | Bimësia |

## Professioni #1
### Profesionet Numër 1

| | |
|---|---|
| **Allenatore** | Trajner |
| **Ambasciatore** | Ambasador |
| **Artista** | Artist |
| **Astronomo** | Astronom |
| **Avvocato** | Avokat |
| **Ballerino** | Balerin |
| **Banchiere** | Bankier |
| **Cacciatore** | Gjuetar |
| **Cartografo** | Hartograf |
| **Editore** | Redaktor |
| **Farmacista** | Farmacist |
| **Geologo** | Gjeolog |
| **Gioielliere** | Gjuhari |
| **Idraulico** | Hidraulik |
| **Infermiera** | Infermiere |
| **Musicista** | Muzikant |
| **Pianista** | Pianist |
| **Psicologo** | Psikolog |
| **Scienziato** | Shkencëtar |
| **Veterinario** | Veteriner |

## Professioni #2
### Profesionet Numër 2

| | |
|---|---|
| **Astronauta** | Astronaut |
| **Bibliotecario** | Bibliotekar |
| **Biologo** | Biolog |
| **Chirurgo** | Kirurg |
| **Dentista** | Dentisti |
| **Filosofo** | Filozof |
| **Fotografo** | Fotograf |
| **Giardiniere** | Kopshtar |
| **Giornalista** | Gazetar |
| **Illustratore** | Ilustrues |
| **Ingegnere** | Inxhinier |
| **Insegnante** | Mësues |
| **Inventore** | Shpikësi |
| **Investigatore** | Hetues |
| **Linguista** | Gjuhëtar |
| **Medico** | Mjek |
| **Pilota** | Pilot |
| **Pittore** | Piktor |
| **Ricercatore** | Studiues |
| **Zoologo** | Zoolog |

## Psicologia
### Psikologjia

| | |
|---|---|
| **Appuntamento** | Emërimi |
| **Clinico** | Klinike |
| **Cognizione** | Njohje |
| **Comportamento** | Sjellje |
| **Conflitto** | Konflikt |
| **Ego** | Ego |
| **Emozioni** | Emocionet |
| **Esperienze** | Përvojat |
| **Idee** | Ide |
| **Inconscio** | Pavetëdije |
| **Infanzia** | Fëmijëria |
| **Pensieri** | Mendime |
| **Percezione** | Perceptimi |
| **Personalità** | Personalitet |
| **Problema** | Problem |
| **Realtà** | Realitet |
| **Sensazione** | Ndjesi |
| **Subconscio** | Nënvetëdija |
| **Terapia** | Terapia |
| **Valutazione** | Vlerësimi |

## Riempire
### Për të Mbushur

| | |
|---|---|
| **Bacino** | Legen |
| **Barile** | Fuçi |
| **Borsa** | Çantë |
| **Bottiglia** | Shishe |
| **Busta** | Zarf |
| **Cartella** | Dosje |
| **Cartone** | Kartoni |
| **Cassa** | Arkë |
| **Cassetto** | Sirtar |
| **Cesto** | Shportë |
| **Nave** | Anije |
| **Pacchetto** | Pako |
| **Scatola** | Kuti |
| **Secchio** | Kovë |
| **Tasca** | Xhep |
| **Tubo** | Gyp |
| **Valigia** | Valixhe |
| **Vasca** | Vaskë |
| **Vaso** | Vazo |
| **Vassoio** | Tabaka |

## Ristorante #2
### Restoranti Numër 2

| | |
|---|---|
| Acqua | Uji |
| Aperitivo | Meze |
| Bevanda | Pije |
| Cameriere | Kamarier |
| Cena | Darka |
| Cucchiaio | Lugë |
| Delizioso | E Shijshme |
| Forchetta | Pirun |
| Frutta | Fruta |
| Ghiaccio | Akull |
| Insalata | Sallatë |
| Minestra | Supë |
| Pesce | Peshk |
| Pranzo | Drekë |
| Sale | Kripë |
| Sedia | Karrige |
| Spezie | Erëza |
| Torta | Tortë |
| Uova | Vezë |
| Verdure | Perimet |

## Salute e Benessere #1
### Shëndeti dhe Mirëqenia #1

| | |
|---|---|
| Abitudine | Zakon |
| Altezza | Lartësia |
| Attivo | Aktiv |
| Batteri | Bakteret |
| Clinica | Klinika |
| Fame | Uria |
| Farmacia | Farmaci |
| Frattura | Frakturë |
| Medicina | Mjekësi |
| Medico | Doktor |
| Muscoli | Muskujt |
| Nervi | Nervat |
| Ormoni | Hormonet |
| Pelle | Lëkurës |
| Postura | Postura |
| Riflesso | Refleks |
| Rilassamento | Çlodhje |
| Terapia | Terapia |
| Trattamento | Trajtimi |
| Virus | Virusi |

## Salute e Benessere #2
### Shëndeti dhe Mirëqenia #2

| | |
|---|---|
| Allergia | Alergjia |
| Anatomia | Anatomia |
| Appetito | Oreksi |
| Caloria | Kalori |
| Corpo | Trupi |
| Dieta | Dietë |
| Digestione | Tretje |
| Disidratazione | Dehidratim |
| Energia | Energji |
| Genetica | Gjenetika |
| Igiene | Higjiena |
| Infezione | Infeksioni |
| Malattia | Sëmundje |
| Massaggio | Masazh |
| Nutrizione | Të Ushqyerit |
| Ospedale | Spital |
| Peso | Pesha |
| Sangue | Gjak |
| Sano | I Shëndetshëm |
| Vitamina | Vitamina |

## Scacchi
### Shahu

| | |
|---|---|
| Avversario | Kundërshtar |
| Bianco | E Bardhë |
| Campione | Kampion |
| Concorso | Konkurs |
| Diagonale | Diagonale |
| Giocatore | Lojtar |
| Gioco | Lojë |
| Nero | E Zezë |
| Passivo | Pasive |
| Per Imparare | Për të Mësuar |
| Punti | Pikë |
| Re | Mbret |
| Regina | Mbretëresha |
| Regole | Rregullat |
| Sacrificio | Sakrificë |
| Sfide | Sfidat |
| Strategia | Strategjia |
| Tempo | Koha |
| Torneo | Turneu |

## Scienza
### Shkenca

| | |
|---|---|
| Atomo | Atom |
| Chimico | Kimike |
| Clima | Klima |
| Dati | Të Dhëna |
| Esperimento | Eksperiment |
| Evoluzione | Evolucioni |
| Fatto | Fakt |
| Fisica | Fizika |
| Fossile | Fosile |
| Gravità | Graviteti |
| Ipotesi | Hipoteza |
| Laboratorio | Laborator |
| Metodo | Metoda |
| Minerali | Mineralet |
| Molecole | Molekulat |
| Natura | Natyra |
| Organismo | Organizëm |
| Osservazione | Vrojtim |
| Particelle | Grimcat |
| Scienziato | Shkencëtar |

## Spezie
### Melmesat

| | |
|---|---|
| Aglio | Hudhër |
| Amaro | E Hidhur |
| Anice | Anise |
| Cannella | Kanellë |
| Cardamomo | Kardamom |
| Cipolla | Qepë |
| Coriandolo | Koriandër |
| Cumino | Qimnon |
| Curry | Kerri |
| Dolce | E Ëmbël |
| Finocchio | Kopër |
| Gusto | Aromë |
| Liquirizia | Jamball |
| Noce Moscata | Arrëmyshk |
| Paprika | Spec i Kuq |
| Pepe | Piper |
| Sale | Kripë |
| Vaniglia | Vanilje |
| Zafferano | Shafran |
| Zenzero | Xhenxhefil |

## Sport
Sport

| | |
|---|---|
| **Allenatore** | Trajner |
| **Atleta** | Atlet |
| **Capacità** | Aftësi |
| **Ciclismo** | Çiklizëm |
| **Corpo** | Trupi |
| **Danza** | Vallëzimi |
| **Dieta** | Dietë |
| **Forza** | Forcë |
| **Jogging** | Vrapim |
| **Massimizzare** | Maximizo |
| **Metabolico** | Metabolike |
| **Muscoli** | Muskujt |
| **Nutrizione** | Të Ushqyerit |
| **Obiettivo** | Qëllimi |
| **Ossa** | Kockat |
| **Programma** | Programi |
| **Resistenza** | Qëndrueshmëri |
| **Salute** | Shëndeti |
| **Sportivo** | Sportet |
| **Stretching** | Shtrihen |

## Strumenti Musicali
Instrumentet Muzikore

| | |
|---|---|
| **Armonica** | Harmonikë |
| **Arpa** | Harp |
| **Banjo** | Banjo |
| **Chitarra** | Kitarë |
| **Clarinetto** | Klarinetë |
| **Fagotto** | Fageg |
| **Flauto** | Flaut |
| **Gong** | Gong |
| **Mandolino** | Mandolinë |
| **Marimba** | Marimba |
| **Oboe** | Oboe |
| **Percussione** | Goditje |
| **Pianoforte** | Piano |
| **Sassofono** | Saksofon |
| **Tamburello** | Dajre |
| **Tamburo** | Daulle |
| **Tromba** | Trumbetë |
| **Trombone** | Trombon |
| **Violino** | Violinë |
| **Violoncello** | Violonçel |

## Tempo
Koha

| | |
|---|---|
| **Anno** | Viti |
| **Annuale** | Vjetor |
| **Calendario** | Kalendar |
| **Decennio** | Dekade |
| **Dopo** | Pas |
| **Futuro** | E Ardhmja |
| **Giorno** | Dita |
| **Ieri** | Dje |
| **Mattina** | Mëngjes |
| **Mese** | Muaj |
| **Mezzogiorno** | Mesditë |
| **Minuto** | Minutë |
| **Momento** | Moment |
| **Notte** | Natë |
| **Oggi** | Sot |
| **Ora** | Orë |
| **Presto** | Së Shpejti |
| **Prima** | Para |
| **Secolo** | Shekulli |
| **Settimana** | Java |

## Tipi di Capelli
Llojet e Flokeve

| | |
|---|---|
| **Argento** | Argjendi |
| **Asciutto** | Thatë |
| **Bianco** | E Bardhë |
| **Biondo** | Bjond |
| **Breve** | I Shkurtër |
| **Calvo** | Tullac |
| **Colorato** | Me Ngjyrë |
| **Grigio** | Gry |
| **Intrecciato** | Endur |
| **Lungo** | Gjatë |
| **Marrone** | Kafe |
| **Morbido** | Butë |
| **Nero** | E Zezë |
| **Ondulato** | Me Onde |
| **Riccio** | Kaçurrel |
| **Riccioli** | Curls |
| **Sano** | I Shëndetshëm |
| **Sottile** | I Hollë |
| **Spessore** | E Trashë |
| **Trecce** | Gërsheta |

## Uccelli
Zogjtë

| | |
|---|---|
| **Airone** | Heron |
| **Anatra** | Rosa |
| **Aquila** | Shqiponja |
| **Cicogna** | Lejlek |
| **Cigno** | Mjellmë |
| **Colomba** | Pëllumb |
| **Cuculo** | Qyqe |
| **Falco** | Shikurt |
| **Fenicottero** | Flamingo |
| **Gabbiano** | Pulëbardhë |
| **Oca** | Patë |
| **Pappagallo** | Papagall |
| **Passero** | Harabeli |
| **Pavone** | Pallua |
| **Pellicano** | Pelikan |
| **Pinguino** | Pinguin |
| **Pollo** | Pulë |
| **Struzzo** | Struci |
| **Tucano** | Toucan |
| **Uovo** | Vezë |

## Universo
Gjithësi

| | |
|---|---|
| **Asteroide** | Asteroidi |
| **Astronomia** | Astronomi |
| **Astronomo** | Astronom |
| **Atmosfera** | Atmosferë |
| **Buio** | Errësirë |
| **Celeste** | Qiellore |
| **Cielo** | Qiell |
| **Cosmico** | Kozmike |
| **Emisfero** | Hemisfera |
| **Galassia** | Galaktikë |
| **Latitudine** | Gjerësi |
| **Longitudine** | Gjatësia |
| **Luna** | Hëna |
| **Orbita** | Orbita |
| **Orizzonte** | Horizont |
| **Solare** | Diellore |
| **Solstizio** | Solstic |
| **Telescopio** | Teleskop |
| **Visibile** | E Dukshme |
| **Zodiaco** | Zodiakut |

## Vacanze #2
### Pushimet Numër 2

| | |
|---|---|
| **Aeroporto** | Aeroport |
| **Campeggio** | Kamping |
| **Destinazione** | Destinacioni |
| **Foto** | Fotografitë |
| **Hotel** | Hotel |
| **Isola** | Ishull |
| **Mappa** | Hartë |
| **Mare** | Det |
| **Montagne** | Malet |
| **Passaporto** | Pasaportë |
| **Ristorante** | Restorant |
| **Spiaggia** | Plazh |
| **Straniero** | I Huaj |
| **Taxi** | Taksi |
| **Tempo Libero** | Koha e Lirë |
| **Tenda** | Çadër |
| **Trasporto** | Transporti |
| **Treno** | Tren |
| **Viaggio** | Udhëtim |
| **Visto** | Viza |

## Veicoli
### Automjetet

| | |
|---|---|
| **Aereo** | Aeroplan |
| **Ambulanza** | Ambulanca |
| **Auto** | Makina |
| **Autobus** | Autobus |
| **Barca** | Varkë |
| **Bicicletta** | Biçikletë |
| **Camion** | Kamion |
| **Caravan** | Karvan |
| **Elicottero** | Helikopter |
| **Metropolitana** | Metro |
| **Motore** | Motor |
| **Pneumatici** | Goma |
| **Razzo** | Raketë |
| **Scooter** | Skuter |
| **Sottomarino** | Nëndetëse |
| **Taxi** | Taksi |
| **Traghetto** | Traget |
| **Trattore** | Traktor |
| **Treno** | Tren |
| **Zattera** | Raft |

## Verdure
### Perimet

| | |
|---|---|
| **Aglio** | Hudhër |
| **Broccolo** | Brokoli |
| **Carciofo** | Angjinarja |
| **Carota** | Karrota |
| **Cetriolo** | Kastravec |
| **Cipolla** | Qepë |
| **Fungo** | Kërpudha |
| **Insalata** | Sallatë |
| **Melanzana** | Patëllxhan |
| **Patata** | Patate |
| **Pisello** | Bizele |
| **Pomodoro** | Domate |
| **Prezzemolo** | Majdanoz |
| **Rapa** | Rrepë |
| **Ravanello** | Rrepkë |
| **Scalogno** | Shallot |
| **Sedano** | Selino |
| **Spinaci** | Spinaq |
| **Zenzero** | Xhenxhefil |
| **Zucca** | Kungull |

## Vestiti
### Rrobat

| | |
|---|---|
| **Abito** | Veshje |
| **Braccialetto** | Byzylyk |
| **Camicetta** | Bluzë |
| **Camicia** | Këmishë |
| **Cappello** | Kapelë |
| **Cappotto** | Pallto |
| **Cintura** | Rrip |
| **Collana** | Gjerdan |
| **Giacca** | Xhaketë |
| **Gonna** | Skaj |
| **Grembiule** | Platformë |
| **Guanti** | Doreza |
| **Jeans** | Xhins |
| **Maglione** | Triko |
| **Moda** | Moda |
| **Pantaloni** | Pantallona |
| **Pigiama** | Pizhama |
| **Sandali** | Sandale |
| **Scarpa** | Mbath |
| **Sciarpa** | Shall |

# Congratulazioni

**Ce l'hai fatta!**

Speriamo che questo libro vi sia piaciuto tanto quanto a noi è piaciuto concepirlo. Ci sforziamo di creare libri della più alta qualità possibile.
Questa edizione è progettata per fornire un apprendimento intelligente, di qualità e divertente!

Le è piaciuto questo libro?

-------

Una Semplice Richiesta

Questi libri esistono grazie alle recensioni che pubblicate.

Puoi aiutarci lasciando una recensione
ora a questo link ?

BestBooksActivity.com/Recensioni50

# SFIDA FINALE!

## Sfida n°1

Sei pronto per il tuo gioco gratuito? Li usiamo sempre, ma non sono
così facili da trovare - ecco i Sinonimi!
Scrivi 5 parole che hai trovato nei puzzle (n° 21, n° 36, n° 76) e prova a
trovare 2 sinonimi per ogni parola.

### Scrivi 5 parole del *Puzzle 21*

| Parole | Sinonimo 1 | Sinonimo 2 |
|--------|------------|------------|
|        |            |            |
|        |            |            |
|        |            |            |
|        |            |            |
|        |            |            |

### Scrivi 5 parole del *Puzzle 36*

| Parole | Sinonimo 1 | Sinonimo 2 |
|--------|------------|------------|
|        |            |            |
|        |            |            |
|        |            |            |
|        |            |            |
|        |            |            |

### Scrivi 5 parole del *Puzzle 76*

| Parole | Sinonimo 1 | Sinonimo 2 |
|--------|------------|------------|
|        |            |            |
|        |            |            |
|        |            |            |
|        |            |            |
|        |            |            |

# Sfida n°2

Ora che ti sei riscaldato, scrivi 5 parole che hai trovato nei puzzle n° 9, n° 17 e n° 25 e cerca di trovare 2 contrari per ogni parola. Quanti ne puoi trovare in 20 minuti?

*Scrivi 5 parole del* **Puzzle 9**

| Parole | Antonimo 1 | Antonimo 2 |
|--------|------------|------------|
|        |            |            |
|        |            |            |
|        |            |            |
|        |            |            |
|        |            |            |

*Scrivi 5 parole del* **Puzzle 17**

| Parole | Antonimo 1 | Antonimo 2 |
|--------|------------|------------|
|        |            |            |
|        |            |            |
|        |            |            |
|        |            |            |
|        |            |            |

*Scrivi 5 parole del* **Puzzle 25**

| Parole | Antonimo 1 | Antonimo 2 |
|--------|------------|------------|
|        |            |            |
|        |            |            |
|        |            |            |
|        |            |            |
|        |            |            |

# Sfida n°3

Grande! Questa sfida non è niente per te!

Pronto per la sfida finale? Scegli 10 parole che hai scoperto nei diversi puzzle e scrivile qui sotto.

| | |
|---|---|
| 1. | 6. |
| 2. | 7. |
| 3. | 8. |
| 4. | 9. |
| 5. | 10. |

Ora scrivi un testo pensando a una persona, un animale o un luogo che ti piace.

*Puoi usare l'ultima pagina di questo libro come bozza.*

## La tua composizione:

# TACCUINO:

# A PRESTO!

*Tutta la Squadra*

**BESTACTIVITYBOOKS.COM/FREEGAMES**